Alphonse Daudet
Die besten Erzählungen

~

Übersetzt von Prof. Dr. Kühne

„Daudets Erzählungen aus der Provence sind zugleich ironisch und liebenswürdig, zugleich realistisch und warmherzig. Als bekennender marchand de bonheur der alten Schule fühlte er sich für das Glück seiner Leser verantwortlich – wir profitieren bis heute davon." *Redaktion Gröls-Verlag* (Edition I Werke der Weltliteratur)

Redaktionelle Hinweise und Impressum

Das vorliegende Werk wurde zugunsten der Authentizität sehr zurückhaltend bearbeitet. So wurden etwa ursprüngliche Rechtschreibfehler regelmäßig *nicht* behoben, denn kleine Unvollkommenheiten machen das Buch – wie im Übrigen den Menschen – erst authentisch. Mitunter wurden jedoch zum Beispiel Absätze behutsam neu getrennt, um den Lesefluss zu erleichtern.

Wir sind bemüht, ein ansprechendes Produkt zu gestalten, welches angemessenen Ansprüchen an das Preis/Leistungsverhältnis und vernünftigen Qualitätserwartungen gerecht wird. Um die Texte zu rekonstruieren, werden antiquarische Bücher von leistungsfähigen Lesegeräten gescannt und dann durch eine Software lesbar gemacht. Der so entstandene Text wird von Menschen gegen eine Aufwandsentschädigung gegengelesen und korrigiert – Hierbei können gelegentlich Fehler auftreten. Wenn Sie ebenfalls antiquarische Texte einreichen möchten, wenden Sie sich für weitere Informationen gerne an

www.groels.de

Informieren Sie sich dort auch gerne über die anderen Werke aus unserer

Edition I Bedeutende Werke der Weltliteratur

Sie werden es mit 98,014 %iger Wahrscheinlichkeit nicht bereuen.

Die Deutsche Nationalbibliothek verzeichnet dieses Werk in der Deutschen Nationalbibliografie.

Verleger: Marcel Hermann-Josef Gröls, Poelchaukamp 20, 22301 Hamburg. Externer Dienstleister für Distribution und Herstellung: BoD, In de Tarpen 42, 22848 Norderstedt

Briefe aus meiner Mühle 3
  Vorrede 3
  Einzug. 4
  Die Postkutsche von Beaucaire. 7
  Meister Cornilles Geheimnis. 11
  Die Ziege des Herrn Seguin. 17
  Die Sterne. 25
  Die Arlesierin. 31
  Das Maultier des Papstes. 35
  Der Leuchtturm von Sanguinaires. 46
  Der Todeskampf der Semillante. 52
  Die Zollwächter. 59
  Der Pfarrer von Cucugnan. 63
  Die beiden Alten. 70
  Balladen in Prosa. 78
    I. Des Dauphins Tod. 78
    II. Der Unterpräfekt im Grünen. 81
  Die Brieftasche Bixious. 85
  Die Legende vom Manne mit dem goldnen Gehirn. 91
  Der Dichter Mistral. 95
  Die drei stillen Messen. 102
    I. 103
    II. 105
    III. 109
  Die Orangen. 111

Die beiden Wirtshäuser. ... 115

In Milianah. ... 119

Die Heuschrecken. ... 130

Das Elixir des ehrwürdigen Vaters Gaucher. ... 135

In Camargue. ... 146

    I. Der Aufbruch. ... 146

    II. Die Hütte. ... 149

    III. Auf das "Hoffe"! (Auf den Anstand!) ... 150

    IV. Der Rote und der Weiße. ... 152

    V. Der Vaccarès. ... 154

Kasernenheimweh. ... 156

Das Geheimnis des Meisters Cornille ... 159

Das Mädchen von Arles ... 164

Briefe aus meiner Mühle.

Vorrede.

Vor Meister Honorat Grapazi, Notar der Residenzstadt Pampérigouste erschien

Herr Gaspard Mitifio, Gemahl der Frau Vivette Cornille, Wirtschafter von Grillenheim und daselbst wohnhaft,

Welcher durch Gegenwärtiges verkauft und übertragen hat unter den Garantien des Rechts und der Thatsachen, und frei von Schulden, Privilegien und Hypotheken

An Herrn Alphonse Daudet, Dichter, wohnhaft in Paris, jetzt hier gegenwärtig und Gegenwärtiges genehmigend und annehmend,

Eine Wind- und Mahlmühle, gelegen im Thale des Rhône, mitten im Herzen der Provence, auf einem mit Tannen und immergrünen Eichen bewachsenen Hügel; welche gedachte Mühle seit mehr als zwanzig Jahren verlassen ist und außer stande zu mahlen, wie dies ersichtlich aus dem wilden Wein, Moos, Rosmarin und andern parasitischen Gewächsen, die bis an das Ende der Flügel empor geklettert sind;

Dessenungeachtet, so wie sie ist und sich befindet, mit ihrem großen, zerbrochenen Rade, der Plattform, zwischen deren Ziegeln das Unkraut hervorschießt, erklärt genannter Herr Daudet, daß die genannte Mühle nach seinem Geschmack ist und seinen dichterischen Arbeiten zu dienen vermag, übernimmt sie auf seine Gefahr und sein Risiko und ohne jeden weiteren Anspruch an den Verkäufer wegen nötig werdender Reparaturen.

Der Verkauf ist perfekt geworden durch Zahlung des stipulierten Preises, welchen genannter Herr Daudet, Dichter, auf dem Bureau in gangbaren Sorten niedergelegt hat, welchen Preis sofort der genannte Herr Mitifio an sich genommen und zurückgezogen hat, alles in Gegenwart des Notars und der unterzeichneten Zeugen.

So geschehen in Pampérigouste, im Bureau Honorat, in Gegenwart von Francet Mamaï, Querpfeifer und von Louiset genannt le Quique, Kreuzträger der weißen Büßer,

Die diesen Akt mit den Parteien und dem Notar gelesen und unterschrieben haben.

Einzug.

Wie haben sich die Kaninchen gewundert! ... Seit so langer Zeit daran gewohnt, die Thür der Mühle verschlossen, die Mauern und die Plattform von Unkraut überwuchert zu sehen, hatten sie schließlich geglaubt, die Rasse der Müller sei ausgestorben und da sie den Ort gut fanden, hatten sie ans demselben eine Art Hauptquartier, einen Mittelpunkt für ihre strategischen Operationen gemacht: eine Mühle von Jemappes für die Kaninchen .... In der Nacht meiner Ankunft saßen wohl, ohne zu lügen, ihrer zwanzig in der Runde auf der Plattform und wärmten sich ihre Pfoten an einem Mondstrahl .... Aber kaum versuchte ich es ein Fenster zu öffnen, prr! nahm das ganze Bivouac Reißaus und alle die kleinen Hinterweißen verschwanden mit erhobener Blume in dem Dickicht. Ich hoffe, sie werden wieder kommen.

Ein andrer, der sich bei meinem Anblick sehr wunderte, das war der Mietsmann aus dem ersten Stock, ein alter finsterer Uhu mit dem Kopfe eines Philosophen, der die Mühle seit mehr als zwanzig Jahren bewohnt. Ich fand ihn in dem oberen Raume unbeweglich und aufrecht, mitten unter herabgefallenem Gips und zerbrochenen Ziegeln auf dem Wellbaum sitzend. Er sah mich einen Augenblick mit seinen runden Augen an, und fing dann ganz erschreckt darüber, daß er mich nicht kannte, an "Hu! Hu!" zu schreien und mit seinen Flügeln zu schlagen, was ihm nur mit Mühe gelang, da sie von dem drauiliegenden Staube ganz grau waren. – Diese Teufelskerle von Philosophen! Das bürstet sich niemals aus! – Doch das thut nichts! So wie er ist, mit seinen blinzelnden Augen und seinem sauren Gesichte gefällt mir dieser schweigsame Mieter noch immer besser, als irgend ein andrer und ich habe mich beeilt, seinen Mietskontrakt zu erneuern. Er behält wie in der Vergangenheit den ganzen oberen Stock der

Mühle mit einem Eingange durch das Dach; ich behalte für mich den untern Raum, ein kleines niedriges Gemach mit weißen Wänden, gewölbt wie das Refektorium eines Klosters.

~

Von hier aus schreibe ich dir, meine Thüre weit geöffnet beim schönen Sonnenschein.

Ein hübscher Tannenwald zieht sich, ganz von Licht überflutet, bis an den Fuß des Hügels herab. Am Horizonte die feingezackten Kämme der Alpen.... Kein Geräusch... Höchstens in langen Zwischenräumen ein Ton der Querpfeife, ein Brachvogel im Lavendel, das Glöckchen eines Maultiers auf der Landstraße... Das ganze schöne provençalische Land lebt nur durch das Licht.

Und nun, wie kannst du verlangen, daß ich mich nach deinem geräuschvollen, schwarzen Paris sehne? Ich befinde mich in meiner Mühle so wohl! Das ist gerade der Erdenwinkel, den ich suchte, ein kleiner duftender und warmer Winkel, tausend Stunden weit entfernt von Zeitungen, Droschken und Nebel!... Und was für hübsche Sachen giebt es rund um mich herum! Kaum sind es acht Tage, seitdem ich eingezogen bin und schon habe ich den Kopf voller Eindrücke und Erinnerungen... Laß dir erzählen! Erst gestern Abend habe ich die Rückkehr der Schafherden in einen Meierhof am Fuße des Hügels mit angesehen und ich schwöre dir, daß ich dieses Schauspiel nicht gegen alle die ersten Aufführungen eintauschen würde, die ihr in dieser Woche in Paris gehabt habt. Urteile selbst!

Zuerst muß ich dir sagen, daß es in der Provence üblich ist, die Schafe auf die Alpen zu schicken, wenn es anfängt heiß zu werden. Menschen und Tiere bleiben fünf oder sechs Monate da oben unter freiem Himmel, bis an den Bauch im Grase; wenn dann im Herbste der erste Frost kommt, steigt man wieder nach dem Meierhofe herab und läßt die Schafe bürgerlich die niedrigen grauen Hügel abweiden, die von Rosmarin duften.... Gestern Abend also kehrten die Herden zurück. Schon am Morgen waren beide Flügel des Hauptthors weit geöffnet, um sie zu erwarten; in den

Schafställen war frisches Stroh hoch aufgestreut. Von Stunde zu Stunde sagte man sich: "Jetzt sind sie in Eyguières, jetzt in Paradou." Dann plötzlich, gegen Abend, ein lauter Ruf: "Da sind sie!" und da unten, in der Ferne sehen wir die Herde kommen, eingehüllt in eine Glorie von Staub. Die ganze Straße scheint lebendig geworden .... Zuerst kommen die alten Böcke, die Hörner nach vorn, mit wildem Gesicht; hinter ihnen die Schafe, die Mütter ein wenig müde, ihre Säuglinge zwischen den Beinen; – die Maultiere mit roten Quasten, die in Körben die erst zur Welt gekommenen Lämmer tragen und im Gehen wiegen; dann die Hunde, in Schweiß gebadet, die langen Zungen bis zur Erde hängend und zuletzt zwei große Schlingel von Schäfern in Mänteln von roter Serge, die wie Priestergewänder bis auf die Fersen herabfallen.

Das alles zieht lustig an uns vorüber und in den Schlund des großen Thores hinein, wobei die trippelnden Füße ein Geräusch hervorbringen, wie die Tropfen eines tüchtigen Platzregens ... Nun solltest du sehen, in welche Aufregung das ganze Haus versetzt ist. Von ihrem hohen Sitze haben die grüngoldenen Pfauen mit ihren Spitzenhauben die angekommenen erkannt und begrüßen sie mit einem, durch Mark und Bein gehenden Trompetenstoß; die bereits eingeschlafenen Hühner erwachen, springen von den Stangen herab und stürzen aus ihrem Stalle heraus. Alle Welt ist auf den Beinen: Tauben, Enten, Trut- und Perlhühner. Der Hühnerhof ist wie toll; die Hühner sprechen davon, die ganze Nacht aufzubleiben! ... Man möchte glauben, jedes Schaf habe in seiner Wolle außer dem wilden Alpenduft ein wenig von der frischen Bergluft mit herabgebracht, welche berauscht und zum Tanzen verleitet.

Während dies alles vorgeht, erreicht die Herde ihren Lagerplatz. Nichts reizender, als dieser Einzug. Die alten Böcke werden beim Anblick ihrer Raufen von Rührung ergriffen. Die Lämmer, die ganz kleinen, die, welche erst auf der Reise das Licht der Welt erblickten und noch nie den Meierhof sahen, sehen mit Verwunderung und Erstaunen um sich.

Aber das rührendste von allen sind die Hunde, die braven Schäferhunde, die ganz mit ihren Tieren beschäftigt sind und nichts außer ihnen im ganzen Meierhofe sehen. Der Hofhund mag aus seiner Hütte heraus sie rufen, soviel er will; der Brunneneimer, bis zum Rande mit frischem Wasser gefüllt, mag sie noch so dringend einladen; sie wollen nichts sehen, nichts hören, bis die ganze Herde im Stalle, bis der große Riegel an der kleinen Gitterthüre vorgeschoben ist, bis die Schäfer in ihrem Gemach am Tische sitzen. Erst dann sind sie zu bewegen, ihren Stall aufzusuchen und während sie dort ihren Napf Suppe auslecken, erzählen sie ihren Kameraden vom Meierhofe, was sie dort oben gemacht haben im Gebirge, dem schwarzen Lande, wo es Wölfe giebt und große, purpurne Fingerhüte, die bis zum Rande mit Thau angefüllt sind.

Die Postkutsche von Beaucaire.

Es war an dem Tage, als ich hier ankam. In Beaucaire war ich in den Postwagen gestiegen, einen guten alten Rumpelkasten, der keinen großen Weg zu machen hatte, bis man ihn wieder an seinen Standort zurückbrachte, der aber den ganzen Weg gemütlich bummelte, damit es am Abend bei der Rückkehr scheinen solle, als käme er Gott weiß wie weit her. Wir waren außer dem Kondukteur ihrer fünf in dem Coupé.

Zunächst ein Waldwärter von Camargue, ein kleiner, untersetzter, haariger Mann, der nach Rotwild roch, mit großen blutunterlaufenen Augen und mit silbernen Ringen in den Ohren; sodann zwei Leute aus Beaucaire, ein Bäcker und sein Geselle, beide sehr rot und kurzatmig, aber mit herrlichem Profil, zwei römische Medaillen nach dem Bilde von Vitellius. Endlich auf dem Vordersitze neben dem Wagenlenker ein Mann – nein! eine Schildmütze, eine gewaltige Schildmütze von Kaninchenfell, die nur wenig sprach und traurig auf die Straße hinaus sah.

Alle diese Leute kannten sich untereinander und sprachen ganz laut und frei über ihre Angelegenheiten. Der Mann von Camargue erzählte, daß er von Nîmes komme, wohin er vor den Untersuchungsrichter geladen worden sei wegen eines Stichs mit einer Heugabel, den er einem Schäfer beigebracht habe. Man hat eben heißes Blut in Camargue .... Und nun erst in Beaucaire! Wollten sich nicht unsere zwei Leute aus Beaucaire in die Haare fahren und zwar der heiligen Jungfrau wegen? Der Bäcker gehörte nämlich zu einer Kirche, welche seit langer Zeit der Madonna gewidmet war und zwar derjenigen, welche die Provençalen die "gute Mutter" nennen und die das Jesuskind in den Armen hält; der Geselle dagegen sang im Chore einer ganz neuen Kirche, die dem "unbefleckten Empfängnis" geweiht war, jenem lachenden Bilde, das man mit herabhängenden Armen, die Hände voller Strahlen darstellt. Daher kam der Streit. Es war interessant mit anzusehen und anzuhören, wie diese beiden guten Katholiken sich und ihre Madonnen behandelten.

"Eine hübsche Person, deine Unbefleckte!"

"Ach! geh mir doch mit deiner ›guten Mutter‹!"

"O, die hat schöne Streiche gemacht, deine, in Palästina!"

"Und deine, hu! wie häßlich! Wer weiß, was die gemacht hat . . . Frage doch einmal den heiligen Joseph."

Um sich auf den Hafenplatz von Neapel versetzt zu glauben fehlte nur, daß man die Messer blitzen sah und, meiner Treu, ich glaube, daß das schöne theologische Turnier schließlich dazu geführt haben würde, hätte nicht der Kutscher sich in das Mittel geschlagen.

"Laßt uns doch in Ruhe mit euren Madonnen, sagte er lachend zu den Hitzköpfen: das alles sind ja Weibergeschichten, Männer dürfen sich nicht da hinein mischen."

Dabei klatschte er mit seiner Peitsche und nahm eine so skeptische Miene an, daß alle Welt seiner Ansicht beitrat.

~

Der Streit war beendigt; allein der Bäcker war einmal im Zuge und fühlte daher das Bedürfnis, den Rest seiner Galle an den Mann zu bringen. Er wendete sich daher nach der unglücklichen Schirmmütze um, die schweigend und traurig in ihrer Ecke saß und sprach zu ihm mit der Miene eines Spaßmachers:

"Und deine Frau, du alter Scherenschleifer? . . . mit welcher Kirche hält sie es?"

Offenbar lag in dieser Phrase etwas höchst Komisches, denn die ganze Postkutsche brach in ein schallendes Gelächter aus. Der Scherenschleifer aber lachte nicht. Er that, als habe er nichts gehört. Als er dies sah, wendete sich der Bäcker an mich:

"Sie kennen sie nicht, seine Frau, mein Herr? Sehen Sie, das ist eine lustige Pariserin! Es giebt nicht zwei wie sie in ganz Beaucaire."

Das Gelächter verdoppelte sich. Der Scherenschleifer rührte sich nicht; er begnügte sich ganz leise zu sagen, ohne den Kopf zu heben:

"Schweig, Bäcker!"

Aber dieser Teufelskerl von Bäcker hatte keine Lust zu schweigen und nahm nun erst recht wieder das Wort:

"Taugenichts! Der Kamerad ist nicht zu beklagen, eine Frau wie diese zu haben . . . . Mit ihr hat man keinen Augenblick Langeweile . . . . Denken Sie nur! Alle sechs Monat läßt sich die Schöne entführen und wenn sie wieder kommt, da giebt es natürlich immer viel zu erzählen . . . . Nun einerlei, 's ist eben ein drolliger kleiner Haushalt . . . . Denken Sie nur, mein Herr, sie waren noch nicht ein ganzes Jahr verheiratet, paf! da geht die Frau mit einem Schokoladehändler durch nach Spanien."

"Der Mann bleibt allein zu Haus. Er weint, er trinkt . . . er ist wie verrückt . . . Nach einiger Zeit kommt die Schöne in das Land zurück, als Spanierin gekleidet, mit einer kleinen, schellenbehängten Trommel. Wir alle redeten ihr zu:

"Verbirg dich; er wird dich töten."

"Ach ja! sie töten . . . . Sie haben sich in aller Ruhe wieder vertragen und sie hat ihn gelehrt, die baskische Trommel zu spielen."

Es gab ein neues Gelächter. In seiner Ecke, ohne den Kopf zu heben, murmelte der Scherenschleifer wieder:

"Schweig, Bäcker!"

Der Bäcker beachtete es nicht und fuhr fort:

"Sie glauben vielleicht, mein Herr, daß die Schöne nach ihrer Rückkehr aus Spanien ruhig geblieben ist . . . Bewahre der Himmel! Ihr Mann hatte ja die Sache so gut aufgenommen! Das hat ihr Lust gemacht, die Geschichte wieder zu probieren . . . . Nach dem Spanier war's ein Offizier, dann ein Schiffer vom Rhône, dann ein Musiker, dann ein . . . . Was weiß ich? Das beste ist, daß es jedesmal dieselbe Komödie giebt. Die Frau geht durch, der Mann weint; die Frau kommt zurück, der Mann tröstet sich. Und immer wieder entführt man sie und immer nimmt er sie wieder auf . . . Das ist doch ein Mann, der Geduld hat! Freilich muß man auch sagen, daß sie verdammt hübsch ist, die kleine Scherenschleiferin . . . . ein wahrer Bissen für einen Kardinal: lebhaft, zierlich und dabei eine feine, weiße Haut und nußbraune Augen, die stets die Männer anlächeln . . . . Meiner Treu, mein Herr Pariser, wenn Sie auf dem Rückwege durch Beaucaire kommen . . . ."

"Oh! Schweig, Bäcker, ich bitte dich darum," bat noch einmal der arme Scherenschleifer mit herzzerreißendem Ausdruck der Stimme.

In diesem Augenblicke hielt der Postwagen. Wir waren an dem Gute Anglores. Hier stiegen die beiden Leute aus Beaucaire ab und ich kann beschwören, daß ich kein Verlangen fühlte sie zurückzuhalten . . . . Dieser Hanswurst von Bäcker! Er war schon im Hofe des Gutes, als man ihn noch lachen hörte.

~

Nachdem diese Leute weg waren, erschien das Coupé leer. Den Wächter von Camargue hatte man in Arles gelassen, der Kutscher ging auf der Straße neben den Pferden her . . . . Wir waren allein im Wagen, der Scherenschleifer und ich, jeder in seiner Ecke . . . stumm. Es war sehr heiß. Ich fühlte, wie meine Augen von Zeit zu Zeit zufielen und wie mein Kopf schwer wurde; aber es war mir unmöglich zu schlafen. Immer klang es mir in den Ohren: "Schweig, ich bitte dich darum," so sanft, so herzzerreißend . . . . Auch er, der arme Mann, schlief nicht. Von hinten sah ich seine starken Schultern erbeben und seine Hand – eine lange, bleifarbene und ungeschickte Hand – auf dem Sitze zitternd umherfahren, wie die Hand eines Greises. Er weinte . : .

"Nun sind Sie an Ort und Stelle, Pariser!" rief mir plötzlich der Kutscher zu und zeigte mir mit der Peitsche meinen grünen Hügel, auf welchem die Mühle wie ein großer Schmetterling stand.

Ich beeilte mich abzusteigen. Beim Vorübergehen versuchte ich einen Blick unter die Schildmütze des Scherenschleifers zu werfen; ich hätte gern seine Gesichtszüge gesehen. Als ob er meine Gedanken erraten hätte, erhob der Unglückliche hastig den Kopf und heftete seinen Blick auf den meinen.

"Sehen Sie mich scharf an, Freundchen," sagte er zu mir mit dumpfer Stimme, "und wenn Sie dieser Tage hören, daß es ein Unglück in Beaucaire gegeben hat, so können Sie sagen, daß Sie den kennen, der den Stoß geführt hat."

Es war eine erloschene, traurige Gestalt mit kleinen blöden Augen. In diesen Augen standen Thränen, aber in dieser Stimme lag ein bitterer Haß. Der Haß, das ist der Zorn der Schwachen! . . . Wäre ich die Scherenschleiferin, ich würde mich fürchten.

Meister Cornilles Geheimnis.

Francet Mamaï, der alte Querpfeifer, der zuweilen den Abend bei einem Glase Glühwein mit mir verlebt, hat mir neulich ein kleines Dorfdrama erzählt, das sich vor einigen zwanzig Jahren auf meiner Windmühle abgespielt hat. Die Geschichte des guten Kerls hat mich gerührt und ich will versuchen, sie so wieder zu erzählen, wie ich sie gehört habe.

Denke dir also, lieber Leser, für einen Augenblick, daß du vor einer Bowle mit gewürztem Wein sitzest und daß es ein alter Querpfeifer ist, der dir erzählt.

Unser Ort, mein lieber Herr, ist nicht immer so tot und ruhmlos gewesen wie heute. Sonst blühte darin der Handel mit Mühlenprodukten und zehn Stunden in der Runde brachten uns die Leute von den Meierhöfen ihr Getreide zum Mahlen . . . . Rings um das Dorf waren alle Hügel mit Windmühlen besetzt. Zur Rechten und zur Linken sah man nur Windmühlenflügel, die im Nordostwind sich drehten und über die Tannen weg in das Thal blickten, ganze Herden kleiner, mit Säcken beladener Esel, welche auf den Wegen bergauf und bergab stiegen, und die ganze Woche hindurch hatte man das Vergnügen, oben auf der Höhe das Knallen der Peitschen, das Sausen der Flügel und die Rufe der Müllergehilfen zu hören . . . . Sonntags gingen wir in ganzen Banden zu den Mühlen hinauf. Oben bezahlten die Müller den Muskatwein. Die Müllerinnen in ihren Spitzentüchern, mit ihren Goldkreuzen waren schön wie die Königinnen. Ich, ich brachte meine Querpfeife mit und bis in die dunkle Nacht hinein tanzte man Farandolen. Sehen Sie, diese Mühlen waren die Freude und der Reichtum unseres Dorfes.

Unglücklicherweise hatten die Pariser die Idee, auf dem Wege nach Tarascon eine Dampfmühle anzulegen. Was neu ist, gefällt. Die Leute gewöhnten sich daran, ihr Getreide zur Dampfmühle zu bringen und die armen Windmühlen hatten nichts mehr zu thun. Eine Zeitlang suchten sie dagegen anzukämpfen, allein der Dampf war stärker als sie und eine nach der andern, Gott sei es geklagt, mußten sie alle zuschließen . . . . Man sah nicht mehr die kleinen Esel ankommen . . . . Die schönen Müllerinnen verkauften ihre goldenen Kreuze . . . Es gab keinen Muskatwein, keine Farandolen mehr! Der Nordostwind hatte gut blasen, die Flügel drehten sich nicht . . . Dann eines schönen Tags ließ die Gemeinde alle diese Mauern niederreißen und wo sie gestanden hatten, pflanzte man Weinreben und Olivenbäume.

Eine Mühle hatte jedoch mitten in der Niederlage ausgehalten und fuhr fort, auf ihrem Hügel mutig ihre Flügel vor der Nase der Dampfmüller zu drehen. Es war Meister Cornilles Mühle, dieselbe, wo wir jetzt bei einander sitzen.

Meister Cornille war ein alter Müller, der seit sechzig Jahren im Mehle lebte und webte und für sein Handwerk begeistert war. Die Gründung der Dampfmühle hatte ihn fast toll gemacht. Acht Tage lang sah man ihn durch das Dorf laufen, alle Leute aufwiegeln und mit aller Kraft seiner Lunge in die Welt hinausschreien, man wolle die Provence mit dem Mehle der Dampfmühle vergiften. "Geht nicht da hinunter, sagte er; um Brot zu machen benutzen diese Räuber den Dampf, der eine Erfindung des Teufels ist, während ich mit dem Winde arbeite, der der Odem des lieben Gottes ist . . ." Und so fand er eine Masse schöner Worte zum Lobe der Windmühlen, aber niemand hörte auf sie.

Da erfaßte den Alten die Wut, er schloß sich in seine Mühle ein und lebte allein wie ein wildes Tier. Selbst seine Enkelin Vivette, ein Kind von fünfzehn Jahren, die seit dem Tode ihrer Eltern niemand auf der Welt hatte, als ihren Großvater, wollte er nicht bei sich behalten. Die arme Kleine war genötigt ihren Lebensunterhalt selbst zu gewinnen, indem sie sich auf den Meierhöfen umher bald für die Getreideernte, bald für die Seidenraupen oder für die Olivenernte vermietete. Und doch schien der Großvater sie lieb zu haben, das arme Kind. Denn nicht selten geschah es, daß er in der größten Sonnenglut zu Fuß seine vier Stunden weit ging, um sie auf dem Meierhofe, wo sie eben arbeitete, aufzusuchen und wenn er bei ihr war, so brachte er ganze Stunden damit zu, sie anzusehen und zu weinen . . .

Jedermann glaubte bei uns, daß der alte Müller die arme Vivette aus Geiz fortgeschickt habe und es brachte ihm wahrlich keine Ehre, daß er seine Enkelin so von einem Gute zum andern wandern ließ, den Roheiten der Pächter und all dem Elend ausgesetzt, dem junge Dienstmädchen so schwer zu entgehen vermögen. Auch fand man es sehr schlecht, daß ein Mann von dem Rufe des Meister Cornille, der bisher immer etwas auf sich gehalten hatte, jetzt wie ein wahrer Zigeuner durch die Straßen ging, mit nackten Füßen, durchlöcherter Mütze und zerfetztem Rocke . . . Thatsache ist, daß wir andern Alten Sonntags uns seiner schämten, wenn wir ihn in die Kirche treten sahen und Cornille fühlte das sehr wohl, denn er wagte es nicht mehr sich unter uns zu setzen. Stets blieb er im Hintergrunde der Kirche in der Nähe des Weihkessels bei den Armen.

Über das Leben Meister Cornilles war ein Schleier gebreitet, den man nicht zu durchschauen vermochte. Seit langer Zeit brachte ihm niemand aus dem Dorfe mehr Getreide und gleichwohl drehten sich die Flügel seiner Mühle beständig wie früher ... Abends traf man auf der oder jener Straße den alten Müller, der seinen mit vollen Mehlsäcken beladenen Esel vor sich her trieb.

"Guten Abend, Meister Cornille!" riefen ihm die Bauern zu; "es geht also noch immer mit der Müllerei?"

"Versteht sich, noch immer, meine Kinder," antwortete er mit lustiger Miene. "Gott sei Dank, an Arbeit fehlt es nicht."

Und wenn man ihn dann fragte, wer zum Teufel ihm so viel zu thun gäbe, da legte er den Finger auf die Lippen und antwortete geheimnisvoll: "Still! ich arbeite für den Export ..." Mehr konnte man nie aus ihm heraus kriegen.

Die Nase in seine Mühle zu stecken, daran war gar nicht zu denken. Selbst die kleine Vivette durfte nicht hinein ....

Kam man vorüber, so sah man stets die Thür verschlossen, die schweren Flügel stets in Bewegung, den alten Esel das Gras um die Mühle herum abweidend und eine große magere Katze, die sich auf dem Fensterbrette sonnte und den vorübergehenden einen boshaften Blick zuwarf.

Das alles erschien sehr geheimnisvoll und wurde natürlich viel besprochen. Jeder erklärte das Geheimnis Meister Cornilles auf seine Weise, im allgemeinen aber war man der Ansicht, daß in der Mühle da noch mehr Säcke voll Thaler, als Säcke voll Mehl steckten.

~

Zuletzt aber kam man hinter die ganze Geschichte und das ging so zu:

Eines schönen Tages, als ich auf meiner Querpfeife der Jugend zum Tanz aufspielte, bemerkte ich, daß der älteste von meinen Jungen und die kleine Vivette sich ineinander verliebt hatten. Im Grunde war ich nicht böse darüber, denn trotz alledem stand der Name Cornille bei uns in Achtung und den kleinen niedlichen Sperling, die Vivette, in meinem Hause herumtrippeln zu sehen, würde mir großes Vergnügen gemacht haben. Nur wollte ich, da die beiden Liebesleute oft Gelegenheit hatten zusammenzukommen, aus Furcht vor etwaigen Folgen die Sache gleich in Ordnung bringen und so stieg ich denn zur Mühle hinauf, um ein Paar Worte mit dem Großvater zu sprechen . . . O der alte Hexenmeister! Wie mich der Grobian empfing! Nichts vermochte ihn die Thüre zu öffnen. So gut es eben ging, suchte ich ihm die Sache durch das Schlüsselloch klar zu machen und da lag, so lange ich sprach, gerade über mir das nichtswürdige Vieh, die magere Katze und fauchte mich an wie ein Teufel.

Der Alte ließ mich gar nicht zu Ende kommen und schrie mir zu, ich solle lieber nach Hause gehen zu meiner Querpfeife und wenn ich es so eilig hätte, meinen Jungen zu verheiraten, so könnte ich ja eine Frau für ihn von der Dampfmühle holen . . . Natürlich stieg mir bei diesen Grobheiten das Blut nach dem Kopfe, doch war ich klug genug mich zusammenzunehmen Ich ließ den alten Narren in seiner Mühle und ging zu den Kindern um ihnen mitzuteilen, wie es mir ergangen war . . . Die armen Lämmer konnten gar nicht daran glauben und baten mich als besondere Gunst um die Erlaubnis, zusammen in die Mühle hinaufsteigen zu dürfen, um mit dem Großvater zu sprechen . . . Ich hatte nicht den Mut, es ihnen abzuschlagen und prr! da war das Pärchen schon auf und davon.

Gerade als sie oben ankamen, hatte Meister Cornille die Mühle verlassen. Die Thür war doppelt verschlossen, aber beim Weggehen hatte der alte Kerl seine Leiter draußen gelassen und sofort kam den Kindern der Gedanke, durch das Fenster einzusteigen und sich in der verrufenen Mühle ein wenig umzusehen . . . .

Sonderbar! Die Mühle war vollkommen leer . . . . Nicht ein Sack; nicht ein einziges Korn Getreide; nicht der geringste Mehlstaub an den Wänden oder auf den Spinnengeweben . . . . Selbst von dem würzigen Geruch nach zerquetschtem Getreide, welcher sonst die Mühlen durchzieht, war nichts zu spüren ... Der Wellbaum war mit Staub bedeckt und die große dürre Katze lag auf ihm und schlief.

Unten in der Mühle sah es gerade so erbärmlich aus: – ein schlechtes Bett, ein Paar Lumpen, ein Stückchen Brot auf einer Stufe der Treppe und dann in einem Winkel drei oder vier zerplatzte Säcke, aus denen Schutt und weiße Erde zum Boden gefallen waren.

Das war das Geheimnis des Meister Cornille! Diesen Schutt, diesen Gips führte er abends auf der Straße spazieren, um die Ehre der Mühle zu retten und die Welt glauben zu machen, daß man darin noch immer Mehl mahle.... Arme Mühle! Armer Cornille! Schon längst hatte die Dampfmühle ihnen die letzte Kundschaft genommen. Die Flügel drehten sich beständig, aber die Mühle ging leer.

Ganz in Thränen kamen die Kinder zurück und erzählten nur, was sie gesehen hatten. Mir wollte das Herz brechen ... Ohne einen Augenblick zu verlieren lief ich zu den Nachbarn, teilte ihnen die Sache in einem Paar Worten mit und wir beschlossen, sofort alles Getreide, was wir auftreiben konnten, hinauf in Cornilles Mühle zu schaffen. Gedacht, gethan!... Das ganze Dorf machte sich auf den Weg, in Prozession kamen wir oben an mit einer langen Reihe von Eseln, mit Getreide beladen, – diesmal mit wirklichem Getreide!

Die Mühle stand weit offen ... Vor der Thüre saß Meister Cornille auf einem Sack voll Gips und weinte, den Kopf in seinen Händen verborgen. Bei seiner Rückkehr hatte er bemerkt, daß man während seiner Abwesenheit in die Mühle eingedrungen war und sein trauriges Geheimnis entdeckt hatte.

"Ach! ich armer Mann!" sagte er. "Nun bleibt mir weiter nichts übrig, als zu sterben ... Die Mühle ist entehrt."

Und er schluchzte, daß es einem das Herz zerschnitt, nannte seine Mühle mit allen möglichen Kosenamen und sprach zu ihr wie zu einem lebenden Wesen.

In diesem Augenblick kamen die Esel oben bei der Mühle an und wir alle fingen mit starker Stimme wie zur guten Zeit der Windmüller an zu schreien:

"Holla! zu mahlen! . . . Holla! Meister Cornille!"

Und die Säcke häuften sich vor der Thüre auf und hier und da, von allen Seiten, rollte das schöne braunrote Getreide zur Erde . . . . Meister Cornille machte große Augen. Er hatte von dem Getreide in seine hohle Hand genommen und sagte unter Lachen und Weinen:

"Getreide! . . . Guter Gott! . . . Wirkliches Getreide! . . . Laßt mich, daß ich mir's genau betrachte!" Dann wendete er sich zu uns:

"Ah! Ich wußte wohl, daß ihr wieder zu mir kommen würdet . . . Alle die Dampfmüller sind Spitzbuben."

Wir wollten ihn in Triumph in das Dorf tragen:

"Nein, nein, Kinder; erst muß ich meiner Mühle zu essen geben . . . Denkt doch nur, wie lang es her ist, daß sie nichts zwischen den Zähnen gehabt hat!"

Und wir hatten alle Thränen in den Augen, wie wir den armen Alten nach rechts und nach links sich abarbeiten sahen, bald die Säcke leerend, bald die Mühle überwachend, während das Getreide zwischen den Steinen zermalmt wurde und der feine Staub des Mehls bis zur Decke emporflog. Man muß uns die Gerechtigkeit widerfahren lassen: von jenem Tage an ließen wir es dem alten Müller nie an Arbeit fehlen. Dann, eines schönen Morgens starb Meister Cornille und die Flügel unserer letzten Windmühle hörten auf sich zu drehen, dieses Mal für immer . . . . Es fand sich für Cornille kein Nachfolger. Was wollen Sie, mein Herr! . . . Alles hat auf dieser Welt ein Ende und man muß eben annehmen, daß die Zeit der Windmühlen vorbei war, wie die der Parlamente und der großblumigen Bauernjacken. –

Die Ziege des Herrn Seguin.

An Herrn Pierre Gringoire, lyrischem Dichter in Paris.

Du bleibst doch immer derselbe, mein armer Gringoire!

Wie! Man bietet dir eine Stelle als Berichterstatter für ein gutes Pariser Journal und du hast den Mut sie zurückzuweisen . . . . Aber sieh dich doch an, armer Teufel! Sieh den durchlöcherten Überzieher, die ramponierten Beinkleider, das schmale Gesicht, aus dem der Hunger geschrieben steht. Dahin hat dich deine Leidenschaft für schöne Reime gebracht! Das hast du durch zehnjährige treue Dienste unter den Pagen des gnädigen Herrn Apollo erreicht . . . . Schämst du dich nicht?

Werde doch Berichterstatter, dummer Teufel, werde Berichterstatter! Da wirst du schöne Thaler im Umsehen verdienen, du wirst bei Brébant speisen und kannst bei jeder ersten Vorstellung dich mit einer neuen Feder hinter dem Ohre zeigen . . . . .

Du willst nicht? durchaus nicht? . . . Du willst nach deiner Weise frei bleiben bis an das Ende . . . Nun wohl, so laß dir die Geschichte der Ziege des Herrn Seguin erzählen. Hoffentlich wirst du daraus lernen, was man gewinnt, wenn man frei leben will.

~

Herr Seguin hatte noch nie Glück mit seinen Ziegen gehabt.

Er verlor sie alle auf gleiche Weise; eines schönen Morgens zerrissen sie ihren Strick, liefen fort in das Gebirge und dort oben fraß sie der Wolf. Nichts hielt sie zurück, weder die Liebkosungen ihres Herrn, noch die Furcht vor dem Wolfe. Es waren eben, wie es scheint, unabhängige Ziegen, die um jeden Preis ihre eignen Herren sein und frei leben wollten.

Der wackere Herr Seguin, der kein Verständnis für den Charakter seiner dummen Tiere hatte, war ganz bestürzt. Er sagte sich:

"Da hört alles auf; die Ziegen langweilen sich bei mir, ich werde wohl keine einzige behalten."

Dennoch verlor er den Mut nicht und, nachdem er sechs Ziegen auf die gleiche Weise verloren hatte, kaufte er eine siebente; nur trug er dieses Mal

Sorge, eine ganz junge zu wählen, damit sie sich besser daran gewöhne, bei ihm zu bleiben.

Ach! Gringoire! Wie hübsch war die kleine Ziege des Herrn Seguin! Wie hübsch war sie mit ihren sanften Augen, mit ihrem Unteroffiziersbarte, mit ihren schwarzen, glänzenden Klauen, ihren gestreiften Hörnern und ihren langen weißen Haaren, die sie wie ein Mantel umhüllten! Fast war sie so reizend, wie Esmeraldas Zicklein, du erinnerst dich doch, Gringoire? – und dann, wie war sie gelehrig, wie einschmeichelnd; wie ließ sie sich melken, ohne sich zu rühren, ohne ihren Fuß in den Melknapf zu setzen. Ein wahrer Schatz von einer kleinen Ziege . . . .

Herr Seguin hatte hinter seinem Hause ein Weißdorngehege. Dorthin brachte er seine neue Kostgängerin. Er band sie an einen Pfahl an der schönsten Stelle der eingehegten Wiese, trug Sorge dafür, daß der Strick lang genug war und kam von Zeit zu Zeit um nachzusehen, ob sie sich wohl befinde. Die Ziege war glücklich und that sich in dem saftigen Grase eine solche Güte, daß Herr Seguin ganz entzückt war.

"Endlich," dachte der arme Mann, "endlich habe ich eine, die sich bei mir nicht langweilen wird."

Herr Seguin irrte, seine Ziege langweilte sich.

~

Eines schönen Tags betrachtete sie das Gebirge und sprach zu sich:

"Wie muß es einem dort oben wohl sein! Welche Lust, in dem Haidekraut herumzuspringen, ohne den verdammten Strick, der einem den Hals zuschnürt! – Für einen Esel oder für einen Ochsen mag es gut genug sein, in einem Gehege zu grasen! . . . . Die Ziegen, die brauchen ein weiteres Feld."

Von diesem Augenblick an schien ihr das Gras im Gehege unschmackhaft. Sie begann Langeweile zu empfinden. Sie magerte ab, ihre Milch fing an zu versiechen. Es war ein wahrer Jammer zu sehen, wie sie den ganzen

Tag lang am Stricke zog, den Kopf nach dem Gebirge gekehrt, mit offenen Nüstern, traurig ihr Mäh, mäh! hervorstoßend.

Herr Seguin bemerkte wohl, daß seine Ziege etwas hatte, aber er wußte nicht, was . . . . Eines Morgens, als er sie eben fertig gemolken hatte, kehrte sich die Ziege um und sprach zu ihm in ihrem Kauderwälsch:

"Hören Sie einmal, Herr Seguin, ich bekomme bei Ihnen die Schwindsucht, lassen Sie mich hinauf in das Gebirge gehen."

"Ach! mein Gott! auch sie!" rief Herr Seguin ganz versteinert und ließ vor Schreck den Melknapf fallen. Dann setzte er sich in das Gras neben seine Ziege und sprach:

"Wie, Blanquette, du willst mich verlassen!"

Und Blanquette antwortete:

"Ja, Herr Seguin."

"Fehlt es dir denn hier an Futter?"

"O nein, Herr Seguin."

"Oder bist du vielleicht zu kurz angebunden, willst du, daß ich den Strick länger mache?!"

"Das würde nicht der Mühe lohnen, Herr Seguin."

"Nun, was fehlt dir denn eigentlich! Was willst du denn?"

"Ich will in das Gebirge gehen, Herr Seguin."

"Aber, Unglückselige, weißt du denn nicht, daß der Wolf im Gebirge ist . . . Was willst du denn machen, wenn er kommt? . . ."

"Ich werde ihn mit meinen Hörnern stoßen, Herr Seguin."

"Der Wolf verlacht deine Hörner. Er hat mir Ziegen gefressen, die viel größere Hörner hatten als du . . . . Du weißt doch, die arme alte Renaude, die voriges Jahr hier war? eine Kapitalziege, stark und boshaft wie ein Bock. Sie hat sich die ganze Nacht mit dem Wolf herumgeschlagen . . . dann, am Morgen, hat sie der Wolf doch gefressen."

"Arme Renaude! . . . Doch das thut nichts, Herr Seguin. Lassen Sie mich in das Gebirge gehen."

"Gütiger Gott! . . ." sagte Herr Seguin; "was soll es denn nur mit meinen Ziegen werden? Also noch eine, die der Wolf mir fressen soll . . . Aber nein . . . . ich werde dich retten, Undankbare, auch wider deinen Willen! Und damit du mir nicht etwa den Strick zerreißest, werde ich dich in den Stall einschließen und da sollst du für immer bleiben."

Damit brachte Herr Seguin die Ziege in einen dunkelen Stall, dessen Thüre er vorsorglich doppelt verschloß. Unglücklicherweise hatte er das Fenster zu schließen vergessen, und kaum hatte er den Rücken gewendet, so ging die Kleine auf und davon . . .

Du lachst, Gringoire? Potztausend! Ich will es wohl glauben; du nimmst die Partei der Ziegen gegen den guten Herrn Seguin . . . Aber wir werden gleich sehen, ob dir das Lachen nicht vergeht.

Als die weiße Ziege in das Gebirge kam, da war alles ein Entzücken. Nie hatten die alten Tannen etwas so Hübsches gesehen. Man empfing sie wie eine kleine Königin. Die Kastanienbäume beugten sich bis zur Erde, um mit den Spitzen ihrer Zweige sie zu liebkosen. Der Goldginster öffnete seine Blüten, als sie vorübersprang, und duftete so stark er konnte. Das ganze Gebirge machte ihr den Hof.

Du kannst dir denken, Gringoire, daß unsre Ziege glücklich war! Keinen Strick mehr, keinen Pfahl . . . nichts, was sie gehindert hätte zu springen, zu grasen ganz nach Belieben . . . . Und welches Futter gab es da! Es reichte bis über die Hörner, mein Lieber! Und was für Kräuter! Saftig, zart, ein Allerlei von tausend schmackhaften Pflanzen . . . Das war ganz etwas andres, als der Rasen dort im Gehege. Und welche Blumen! . . . Große blaue Glockenblumen, purpurrote Fingerhüte mit langen Kelchen, ein ganzer Wald von wilden Blumen, strotzend von berauschendem Saft! . . . .

Halb trunken wälzte sich die weiße Ziege darin, die Beine in der Luft, und rollte sich den Abhang hinunter, das welke Laub, die gefallenen Kastanien mit sich reißend . . . . Dann plötzlich stand sie mit einem Sprunge wieder auf den Beinen. Hopp! fort war sie, den Kopf vorgestreckt flog sie über Stock und Stein . . . Bald war sie oben auf einem Felsen, bald unten auf dem Grunde einer Schlucht, oben, unten, überall . . . . Man hätte glauben können, zehn Ziegen des Herrn Seguin wären im Gebirge.

Das kam daher, daß Blanquette eben vor gar nichts Furcht hatte.

Mit einem Sprung setzte sie über breite Gießbäche weg, die sie dabei mit Tropfen und Schaum bedeckten. Triefend streckte sie sich dann auf irgend eine Felsenplatte und ließ sich von den Strahlen der Sonne trocknen . . . . Einmal als sie, eine Blüte des Goldregens zwischen den Zähnen, sich dem Rande einer Felsplatte näherte, bemerkte sie unten, ganz unten in der Ebene das Haus des Herrn Seguin und dahinter das Gehege. Das machte sie lachen bis zu Thränen.

"Wie klein das ist!" sagte sie; "wie habe ich nur darin Platz finden können? . . ."

Die ärmste! Da sie so hoch oben stand, hielt sie sich für mindestens ebenso groß, wie die ganze Welt . . .

Das war fürwahr ein schöner Tag für die Ziege des Herrn Seguin. Bald nach links, bald nach rechts laufend fand sie sich gegen Mittag unter einer Herde Gemsen, die eben im Zuge war einen Strauch wilden Weins abzuknuspern. Unser kleiner Springinsfeld im weißen Gewande machte Aufsehen. Man gab ihr den besten Platz am wilden Weine und alle die Herren waren sehr galant gegen sie . . . Ja es scheint selbst, – doch das muß unter uns bleiben, Gringoire, – daß ein Gemsenjüngling von dunkler Haarfarbe das Glück hatte, Blanquetten zu gefallen. Die beiden Liebenden verirrten sich eine oder zwei Stunden lang in dem Walde, und wenn du wissen willst, was sie dort einander sagten, so magst du die geschwätzigen Quellen fragen, die unsichtbar unter dem Moose dahinfließen.

~

Plötzlich erhob sich ein frischer Wind. Das Gebirge ward violett; der Abend kam . . . .

"Schon!" sagte die kleine Ziege und blieb ganz erstaunt stehen.

Unten lagen die Felder in Dunst gehüllt. Das Gehege des Herrn Seguin verschwand im Nebel und von dem Häuschen sah man nur das Dach mit ein wenig Rauch. Sie hörte die Glöckchen einer Herde, die man nach dem Stalle zurückführte, und ihre Seele wurde ganz traurig . . . Ein Geier, der vom Fluge zurückkehrte, streifte sie im Vorbeifliegen mit den Flügeln. Sie schrak zusammen . . . . dann erscholl aus dem Gebirge ein Geheul:

"Hu! Hu!"

Sie dachte an den Wolf; den ganzen Tag hatte die Ausgelassene nicht an ihn gedacht . . . . Im selben Augenblicke ertönte weit unten im Thale ein Horn. Es war der gute Herr Seguin, der ein letztes Mittel versuchte.

"Hu! Hu! . . ." heulte der Wolf.

"Komm zurück! Komm zurück! . . ." rief das Horn.

Blanquette hatte Lust umzukehren; aber sie erinnerte sich an den Pfahl, an den Strick, an die Hecke um das Gehege und da dachte sie, daß sie nun sich nicht mehr an dieses Leben gewöhnen könne und daß es besser sei zu bleiben. Der Klang des Hornes war verstummt . . . .

Die Ziege hörte hinter sich ein Geräusch im Lande. Sie drehte sich um und sah in der Dämmerung zwei kurze Ohren, ganz aufgerichtet und zwei Augen, die durch das Dunkel leuchteten . . . . Das war der Wolf.

~

Da saß er auf seinem Hinterteil, gewaltig groß, unbeweglich und blickte nach der kleinen weißen Ziege, die ihm schon im voraus schmeckte. Der Wolf hatte keine Eile, wußte er doch bestimmt, daß er sie fressen würde; nur lachte er boshaft, als sie sich nach ihm umwendete.

"Ha! ha! die kleine Ziege des Herrn Seguin!" und dabei fuhr er mit seiner dicken roten Zunge über die bläulichen Lefzen.

Blanquette fühlte, daß sie verloren war . . . . Sie erinnerte sich an die Geschichte der alten Renaude, die sich eine ganze Nacht mit dem Wolf herumgeschlagen hatte, um am Morgen gefressen zu werden und dachte einen Augenblick, es sei vielleicht besser, sich gleich fressen zu lassen; dann besann sie sich eines Besseren, senkte den Kopf, die Hörner nach vorn gerichtet und nahm Stellung, wie es einer tapfern Ziege des Herrn Seguin ziemte, die sie war.... Nicht als ob sie die Hoffnung hegte den Wolf zu töten – Ziegen töten überhaupt den Wolf nicht, – sondern nur um zu sehen, ob sie so lange, wie Renaude, Stand halten könne....

Nun nahte das Ungeheuer und die kleinen Hörner fingen an zu tanzen.

Ah! die tapfere kleine Ziege! Mehr als zehnmal – ich lüge nicht, Gringoire, – zwang sie den Wolf zurückzuweichen, um Atem zu schöpfen. Während dieser minutenlangen Pausen pflückte das kleine Leckermaul in Eile noch ein Paar Halme des saftigen Grases, dann kehrte sie mit voller Schnauze zum Kampfe zurück... Das dauerte die ganze Nacht. Von Zeit zu Zeit sah die Ziege des Herrn Seguin die Sterne am klaren Himmel tanzen und sprach zu sich:

"Ach! könnte ich es doch bis zur Morgenröte aushalten!"

Ein Stern nach dem andern erlosch. Blanquette verdoppelte die Stöße ihrer Hörner, der Wolf schnappte immer gieriger zu.... Ein blasser Lichtschein erhob sich am Horizonte... Das Krähen eines heiseren Hahns ertönte von einem Meierhofe herauf.

"Endlich!" sagte das arme Tier, das nur noch den Tag erwartete um zu sterben; und sie streckte sich auf der Erde aus in ihrem schönen weißen Pelze, der ganz mit Blut befleckt war....

Dann stürzte der Wolf sich auf die kleine Ziege und fraß sie.

~

Lebe wohl, Gringoire!

Die Geschichte, die ich dir erzählt habe, ist nicht von mir erfunden. Kommst du jemals in die Provence, so werden die Leute dir oft von der Ziege des Herrn Seguin erzählen, welche sich eine ganze Nacht mit dem Wolfe herumschlug und dann am Morgen hat sie der Wolf gefressen.

Du verstehst mich doch, Gringoire:

Und dann am Morgen hat sie der Wolf gefressen. –

Die Sterne.
Erzählung eines provençalischen Schäfers.

Zur Zeit, als ich die Schafe auf dem Luberon hütete, blieb ich ganze Wochen lang da oben allein mit meinem Hunde Labri und meinen Schafen, ohne eine lebende Seele zu sehen. Von Zeit zu Zeit ging wohl der Eremit vom Mont-de-l'Ure vorüber, um Heilkräuter zu suchen oder ich erblickte wohl auch das schwarze Gesicht eines Kohlenbrenners aus Piemont, aber das waren einfache, durch die Einsamkeit an das Schweigen gewöhnte Leute, die den Geschmack am Reden verloren hatten und nichts von allen dem wußten, was man da unten in den Dörfern und Städten sprach. Wenn ich daher von vierzehn zu vierzehn Tagen auf dem Wege, der den Berg herauf führt, die Glöckchen des Maultiers von unserm Meierhof erklingen hörte, das mir Lebensmittel für die nächsten vierzehn Tage brachte und wenn ich nach und nach das aufgeweckte Gesicht des Kleinknechts oder die rote Haube der alten Tante Norade erscheinen sah, so fühlte ich mich wahrhaft glücklich. Ich ließ mir erzählen, was unten im Lande sich neues ereignet hatte, die Taufen, die Hochzeiten; am meisten aber interessierte es mich zu erfahren, wie es der Tochter meiner Herrschaft, unserm Fräulein Stephanette erging, dem schönsten Mädchen, das es zehn Stunden in der Runde gab. Ohne zu thun, als wenn ich zu großen Teil daran nähme, erkundigte ich mich, ob sie viel zu Festlichkeiten, zu Abendunterhaltungen gehe, ob noch immer neue Liebhaber sich um sie scharten. Und wenn mich jemand fragen sollte, was diese Dinge mir, dem armen Schäfer vom Gebirge, ausmachen konnten, so würde ich ihm antworten, daß ich zwanzig Jahre alt war und daß diese Stephanette das Schönste war, was ich jemals in meinem Leben gesehen hatte.

Nun ereignete es sich eines Sonntags, als ich meine vierzehntägigen Vorräte erwartete, daß dieselben erst sehr spät ankamen. Am Morgen sagte ich mir: "daran ist das Hochamt schuld"; dann gegen Mittag kam ein starkes Gewitter und ich dachte, daß das Maultier sich wegen des schlechten Zustandes der Straßen nicht auf den Weg hätte machen können. Endlich gegen drei Uhr, als der Himmel sich aufklärte und das vom Regen übergossene Gebirge in den Strahlen der Sonne erglänzte, hörte ich durch das Geräusch der von den Blättern fallenden Tropfen und das Gemurmel der angeschwollenen Bäche die Glöckchen des Maultiers, so lustig und munter, wie das Geläute der Glocken an einem Ostertage. Aber es war weder der Kleinknecht, der es führte, noch die alte Norade. Es war ... ratet einmal, Kinder, wer es war! ... Unser Fräulein, unser Fräulein in Person, aufrecht zwischen den Weidenkörben sitzend und ganz rosig von der Gebirgsluft und dem erfrischenden Gewitterregen.

Der Kleinknecht war krank, Tante Norade hatte Urlaub erhalten, um ihre Kinder zu besuchen. Das alles teilte mir die schöne Stephanette mit, während sie vom Maultier stieg; ebenso daß sie so spät komme, weil sie sich auf dem Wege verirrt habe. Aber wenn man sie so schön sonntäglich geputzt sah, mit ihren blumigen Bändern, ihrem glänzenden Rocke, ihren Spitzen, hätte man eher glauben können, daß sie sich bei einem Tanzvergnügen verspätet, als sie sich ihren Weg durch die Büsche gesucht habe. Ach! das niedliche Geschöpfchen! Meine Augen konnten nicht müde werden, sie anzuschauen. Freilich hatte ich sie auch noch niemals so nahe gesehen. Zuweilen im Winter, wenn die Herden in die Ebene herabgestiegen waren und ich abends in den Meierhof zurückkam um zu Abend zu essen, ging sie lebhaft durch den Saal, ohne mit der Dienerschaft zu sprechen, immer geputzt und ein wenig stolz .... Und jetzt stand sie vor mir und nur vor mir allein; war das nicht um den Kopf zu verlieren?

Nachdem sie die Lebensmittel aus dem Korbe genommen hatte, begann Stephanette sich neugierig umzublicken. Sie hob ein wenig ihren schönen Sonntagsrock in die Höhe, um ihn vor dem Beschmutztwerden zu schützen und trat in den Pferch. Nun wollte sie den Winkel sehen, wo ich schlief, das Strohlager mit dem Schaffell darüber, meinen großen, am Nagel hängenden Kappenmantel, meinen Hakstock, meine Steinschloßflinte. Alles das machte ihr Vergnügen.

"Also hier lebst du, mein armer Schäfer? Wie mußt du dich langweilen, immer so allein zu sein! Was machst du denn? An was denkst du denn? . . ."

Ich hatte Lust zu antworten: "An Sie, Herrin," und ich hätte nicht gelogen; aber meine Verwirrung war so groß, daß ich nicht ein einziges Wort hervorbringen konnte. Ich glaube wohl, daß sie es bemerkte und daß sie ein wenig boshaft Vergnügen daran fand, meine Verwirrung durch ihre weiteren Bemerkungen zu verdoppeln:

".Und dein Schatz, Schäfer, kommt er zuweilen herauf, um dich zu besuchen? . . . Das muß sicher die goldene Ziege sein oder wohl gar die Fee Esterelle, die nur auf den Spitzen der Gebirge herumschwebt . . . ."

Und als sie das sagte, sah sie selbst aus wie die Fee Esterelle mit ihrem lieblichen Lächeln auf dem nach oben gewendeten Gesicht und ihrer Eile fortzukommen, die aus ihrem Besuche eine Erscheinung machte.

"Gott befohlen, Schäfer."

"Grüß Gott, Herrin."

Fort war sie, die leeren Körbe mit sich nehmend.

Als sie auf dem abschüssigen Pfade verschwand, schien es mir, als ob die Kiesel, die unter den Hufen ihres Maultiers fortrollten, mir einer nach dem andern auf das Herz fielen. Ich hörte sie lange, lange und bis an das Ende des Tages blieb ich wie im Schlafe sitzen und wagte nicht mich zu rühren aus Furcht, meinen Traum zu verscheuchen. Gegen Abend, als der Grund der Thäler blau zu werden anfing und als die Schafe sich blökend aneinander drängten, um in den Pferch zurückzukehren, hörte ich, daß man unten herauf nach mir rief und sah auch bald unser Fräulein wieder erscheinen, aber nicht mehr lachend wie vorhin, sondern zitternd vor Frost, vor Furcht und vor Nässe. Sie hatte am Fuße des Abhanges die Sorgue durch den Gewitterregen angeschwellt gefunden und war, da sie mit Gewalt hindurch wollte, Gefahr gelaufen, zu ertrinken. Das schlimmste war, daß zu dieser Stunde der Nacht an eine Rückkehr nach dem Meierhofe nicht zu denken war; denn ganz allein würde unser Fräulein unmöglich den Weg durch das Gehölz zurück gefunden haben und ich selbst durfte meine Herde nicht verlassen. Der Gedanke, die Nacht auf dem Gebirge verbringen zu müssen, quälte sie sehr, namentlich wegen der Sorge, die sich ihre Angehörigen um sie machen würden. Ich suchte sie so viel als möglich zu beruhigen:

"Im Juli sind die Nächte kurz, Herrin ... Es ist nur ein schlimmer Augenblick."

Und ich zündete schnell ein großes Feuer an, um ihre Füße und ihr von den Fluten der Sorgue ganz durchnäßtes Kleid zu trocknen. Dann brachte ich ihr Milch und kleine Käse; aber die arme Kleine dachte nicht daran sich zu erwärmen oder zu essen und als ich sah, daß große Thränen in ihren Augen emporstiegen, kam mir selbst das Weinen nahe.

Inzwischen war es ganz Nacht geworden. Auf dem Grat der Gebirge schwebte nur noch ein Strahl vom Sonnenschein, ein Hauch von Licht dort, wo die Sonne untergegangen. Ich wollte, daß unser Fräulein in dem Pferch sich zur Ruhe lege. Ich breitete also aus dem frischen Stroh eine ganz neue Haut aus, wünschte ihr gute Nacht und setzte mich draußen vor die Thür.... Gott ist mein Zeuge, daß trotz des Feuers der Liebe, das in meinem Herzen brannte, kein böser Gedanke in mir aufstieg; aber stolz war ich, sehr stolz bei dem Gedanken, daß in einem Winkel des Pferchs ganz nahe der Herde, die neugierig sie schlafen sah, die Tochter meiner Herrschaft unter meiner Obhut ruhte – sie selbst wie ein Schäfchen, nur weißer und teurer als alle andern. Nie war mir der Himmel so tief, nie waren mir die Sterne so leuchtend erschienen.... Plötzlich öffnete sich die Gitterthür des Pferchs und die schöne Stephanette trat heraus. Sie konnte nicht schlafen. Die Tiere bewegten sich, dann knisterte das Stroh, oder sie blökten im Traume. Sie wollte lieber nahe am Feuer sein. Als ich das sah, legte ich ihr mein Ziegenfell um die Schultern, schürte das Feuer und so blieben wir nebeneinander sitzen, ohne zu sprechen. Habt ihr jemals die Nacht unter freiem Himmel zugebracht, so wißt ihr, daß zu der Zeit, wo wir schlafen, in der Stille der Einsamkeit eine geheimnisvolle Welt erwacht. Dann singen die Quellen viel lauter und auf den Sümpfen entzünden sich kleine Flämmchen. Alle Geister des Gebirges kommen und gehen ungehindert und die Luft durchzittern kaum vernehmbare Geräusche, als höre man die Zweige der Bäume wachsen und das Gras emporsprießen. Der Tag, das ist das Leben der Wesen; aber die Nacht, das ist das Leben der Dinge. Wer nicht daran gewöhnt ist, der fürchtet sich . . . . Auch unser Fräulein schauderte und bei dem leisesten Geräusch schmiegte sie sich an mich an. Einmal stieg ein langer, melancholischer Schrei aus dem Sumpfe, der weiter unten leuchtete, zitternd zu uns herauf. In demselben Augenblick glitt eine schöne Sternschnuppe in derselben Richtung über uns dahin, gleichsam als ob jener Klagelaut, den wir gehört hatten, leuchtend geworden sei.

"Was ist das?" fragte mich leise Stephanette.

"Eine Seele, die zum Paradiese emporsteigt, Herrin." Und ich machte das Zeichen des Kreuzes.

Auch sie bekreuzte sich, fuhr mit dem Köpfchen empor, raffte sich dann zusammen und sagte zu mir:

"Es ist also doch wahr, Schäfer, daß ihr Zauberer seid?"

"Bewahre der Himmel, Herrin. Aber wir leben hier oben näher an den Sternen und wir wissen daher besser, was dort vorgeht, als die Leute in der Ebene da unten."

Sie blickte noch immer nach oben, den Kopf in die Hand gestützt und von dem Ziegenfell umhüllt, wie eine kleine Schäferin aus dem Himmel:

"Wie viele Sterne da stehen! Wie schön das ist! In meinem ganzen Leben habe ich noch nicht so viele gesehen. Weißt du, wie sie heißen, Schäfer?"

"Ei freilich, Herrin . . . Da, gerade über uns, das ist die ›Straße des heiligen Jakob‹ (die Milchstraße). Sie geht von Frankreich gerade nach Spanien hinüber. Der heilige Jakob von Galizien hat sie angelegt, um dem tapferen Karl dem Großen den richtigen Weg zu zeigen, als dieser gegen die Sarazenen in den Krieg zog. Weiter hin, da sehen Sie den ›Seelenwagen‹ (den großen Bär) mit seinen vier leuchtenden Rädern. Die drei Sterne, die vorausgehen, das sind die ›drei Zugtiere‹ und dicht an dem dritten der ganz kleine, das ist der ›Fuhrmann‹. Sehen Sie rings umher diesen Regen von Sternschnuppen, die herabfallen? Das sind die Seelen, die der liebe

Gott nicht bei sich haben will . . . Ein wenig weiter unten, da ist der ›Harken‹^ oder die ›drei Könige‹ (Orion). Die dienen uns Schäfern als Uhr. Ich darf sie jetzt nur ansehen, so weiß ich sofort, daß Mitternacht vorüber ist. Noch ein wenig weiter unten, immer nach Mittag zu glänzt ›Johann von Mailand‹, die Fackel unter den Sternen (Sirius). Von diesem Sterne da erzählen die Schäfer sich folgende Geschichte. Eines Nachts war ›Johann von Mailand‹ mit den ›drei Königen‹ und der ›Gluckhenne‹ (den Plejaden) zur Hochzeit eines ihnen befreundeten Sternes eingeladen. Die ›Gluckhenne‹, sagt man, konnte die Zeit kaum erwarten, brach zuerst auf und ging gerade den Himmel hinauf. Sehen Sie, dort oben ist sie, mitten im Himmel. Die ›drei Könige‹ schnitten ihr tiefer unten den Weg ab und holten sie wieder ein; aber der Faulpelz ›Johann von Mailand‹, der zu lange geschlafen hatte, blieb ganz zurück und warf ganz wütend seinen Stab nach ihnen, um sie aufzuhalten. Man nennt daher auch die ›drei Könige‹ den ›Stab Johanns von Mailand‹ . . . . Aber der schönste von allen Sternen, Herrin, das ist unser Stern, das ist der ›Stern des Schäfers‹, der uns beim Morgengrauen leuchtet, wenn wir die Herde austreiben, und auch des Abends, wenn wir sie eintreiben. Wir nennen ihn auch ›Magelone‹, die ›schöne Magelone‹, die dem ›Peter aus Provence‹ (Saturn) nachläuft und sich alle sieben Jahre mit ihm verheiratet."

"Wie! Schäfer, die Sterne verheiraten sich also auch?"

"Ei freilich, Herrin."

Und als ich es nun vesuchte ihr auseinander zu setzen, wie es sich mit diesen Heiraten verhalte, da fühlte ich etwas Frisches und Zartes sich leise auf meine Schulter legen. Es war ihr Köpfchen, das vom Schlafe beschwert sich an mich lehnte und Bänder und Spitzen und das wellige Haar zerdrückte. So blieb sie sitzen, ohne sich zu rühren, bis die Sterne am Himmel erblaßten, ausgelöscht durch den Tag, welcher heraufstieg. Und ich, ich blickte auf die Schlummernde, in innerster Seele wohl ein wenig erregt, aber heilig behütet durch die klare Nacht, die stets nur gute Gedanken in mir erweckt hat. Um uns wandelten die Sterne weiter auf ihrer schweigsamen Bahn, gelehrig wie eine große Herde und für Augenblicke bildete ich mir ein, daß einer dieser Sterne, der schönste und glänzendste, seinen Weg verloren habe und zu mir gekommen sei, sich auf meine Schulter zu lehnen und zu schlafen....

Die Arlesierin.

Der Weg von meiner Mühle nach dem Dorfe unten führt dicht an einem Meierhofe vorüber. An der Straße liegt der große, mit Zirgelbäumen bepflanzte Hof, im Hintergrunde das Haus. Es ist ein wahres provençalisches Mustergebäude: ein rotes Ziegeldach; eine lange, geschwärzte Vorderseite, unregelmäßig von Fenstern durchbrochen; ganz oben die Wetterfahne des Getreidebodens; die Rolle zum Hinaufziehen der Säcke und hier und da einige Büschel braunen Heus, die heraushingen...

Warum war mir dieses Haus aufgefallen? Warum machte mich dieses verschlossene Thor so beklommen? Ich hätte es nicht sagen können und doch überlief mich beim Anblick dieser Wohnung ein Frösteln. Es herrschte ein zu tiefes Schweigen um sie her... Kein Hund bellte, wenn man vorbei ging, die Perlhühner flohen, ohne zu schreien... Drin im Hause nicht eine Stimme! Nichts, nicht einmal die Schelle eines Maultiers... Ohne die weißen Vorhänge an den Fenstern, ohne den Rauch, der vom Dache emporstieg, hätte man glauben können, der Ort sei unbewohnt.

Gestern Mittag kam ich vom Dorfe zurück und ging, um die Sonne zu vermeiden, im Schatten der Zirgelbäume an der Mauer des Meierhofes entlang... Auf der Straße vor demselben waren schweigende Knechte eben damit fertig geworden, einen Wagen mit Heu zu beladen... Das Thor war offen geblieben. Im Vorübergehen warf ich einen Blick hindurch und sah im Hintergrunde des Hofes, die Ellbogen auf einen großen steinernen Tisch gestützt, den Kopf zwischen den Händen, einen großen alten, ganz weißen Mann in einer Weste, die zu kurz war und einer Hose, an welcher die Fetzen herabhingen.... Ich blieb stehen. Einer der Leute sagte mir ganz leise:

"Still! Das ist der Herr... So ist er, seitdem sein Sohn verunglückt ist."

In diesem Augenblick gingen eine Frau und ein kleiner Knabe, beide schwarz gekleidet, mit großen vergoldeten Gebetbüchern an uns vorüber und traten in den Meierhof.

Der Mann fuhr fort:

". . . Die Herrin und der Jüngste, sie kommen aus der Messe zurück. Jeden Tag gehen sie hin, seitdem das Kind sich getötet hat . . . Ach, mein Herr, was für ein Jammer! . . . Der Vater trägt noch immer die Kleider des Toten, man kann ihn nicht bewegen, sie auszuziehen . . . . Hü! Hot! mein Pferdchen!"

Der Wagen setzte sich in Bewegung. Neugierig geworden bat ich den Knecht um die Erlaubnis, mich neben ihn setzen zu dürfen und dort oben, im Heu, erfuhr ich denn die ganze traurige Geschichte . . . .

~

Er hieß Jan. Es war ein prächtiger Bursch von zwanzig Jahren, sittsam wie ein Mädchen, zuverlässig, mit offenem Gesicht. Da er schön war, sahen alle Frauen nach ihm; er aber hatte nur eine im Sinne – eine kleine Arlesierin, ganz in Sammet und Spitzen, die er einmal, ich weiß nicht wo, kennen gelernt hatte. – Im Meierhofe sah man anfangs diese Bekanntschaft nicht gern. Das Mädchen galt für eine Kokette und ihre Eltern waren nicht aus dem Lande. Aber Jan wollte mit aller Gewalt seine Arlesierin. Er sagte:

"Ich sterbe, wenn man mir sie nicht giebt."

Man mußte wohl glauben, daß es ihm Ernst war und so beschloß man, sie nach der Ernte zu verheiraten.

Eines Sonntags abends hatte die Familie soeben im Hofe das Mittagsmahl beendigt. Es war beinahe ein Hochzeitsmahl. Die Braut war zwar nicht dabei, aber man hatte die ganze Zeit auf ihre Gesundheit getrunken . . . . Da erscheint ein Mann an der Thür und verlangt mit zitternder Stimme Meister Estève zu sprechen, ihn allein. Estève steht auf und tritt auf die Straße hinaus.

"Meister," sagt der Mann zu ihm, "Sie wollen Ihr Kind mit einer schlechten Person verheiraten, die zwei Jahre lang meine Geliebte gewesen ist. Was ich sage, beweise ich: hier sind Briefe! . . . Die Eltern wissen alles und hatten sie mir versprochen; aber, seitdem Ihr Sohn sie haben will, wollen sowohl die Eltern, als die Schöne nichts mehr von mir wissen ... Ich sollte aber meinen, daß sie nach allem dem nicht die Frau eines andern werden könne."

"'s ist gut!" sagte Meister Estève, nachdem er die Briefe durchlesen hatte; "kommen Sie mit herein, ein Glas Muskatwein zu trinken."

Der Mann antwortet:

"Ich danke! Ich habe mehr Kummer, als Durst."

Und so geht er.

Der Vater kommt zurück, setzt sich wieder an den Tisch und das Mahl geht in voller Heiterkeit zu Ende.

Abends geht Meister Estève mit seinem Sohne zusammen hinaus in die Felder. Sie blieben lange draußen; als sie zurückkamen, wartete die Mutter noch auf sie.

"Frau," sagte der Vater, indem er ihr seinen Sohn zuführte, "umarme ihn! Er ist unglücklich . . . ."

~

Jan sprach nicht mehr von der Arlesierin. Dennoch liebte er sie immer noch, ja er liebte sie mehr als je, seitdem man sie ihm in den Armen eines andern gezeigt hatte. Nur war er zu stolz, etwas davon zu sagen. Das hat ihn in den Tod getrieben, den armen Jungen! . . . Zuweilen konnte er ganze Tage in irgend einem Winkel sitzen ohne sich zu rühren. Andere Tage wieder warf er sich in wahrer Wut in die Arbeit und brachte allein so viel fertig, wie zehn Tagelöhner . . . Kam der Abend, so ging er auf die Straße von Arles und wanderte vorwärts, bis er am Abendhimmel die schlanken Türme der Stadt emporsteigen sah. Dann kehrte er um. Nie ging er weiter.

Ihn so zu sehen, immer traurig, immer allein ... Die Leute auf dem Meierhofe wußten nicht mehr, was sie anfangen sollten. Man fürchtete ein

Unglück . . . . Einmal, bei Tisch, sagte seine Mutter zu ihm, indem sie ihn, die Augen voller Thränen anblickte:

"Höre, Jan! Wenn du sie trotz alledem haben willst, so wollen wir sie dir geben . . . ."

Der Vater, rot vor Scham, senkte den Kopf . . . .

Jan machte ein verneinendes Zeichen und ging hinaus . . . .

Von diesem Tage an änderte er seine Lebensweise. Um seine Eltern zu beruhigen, spielte er den Vergnügten. Man sah ihn wieder auf dem Ball und im Wirtshause. Bei der Wahl in Fonvieille war er es, der die Farandole verlangte. Der Vater sagte: "Er ist geheilt." Die Mutter dagegen hatte immer noch Furcht und überwachte ihr Kind mehr, als je . . . . Jan schlief mit seinem jüngeren Bruder neben der Seidenraupenkammer; die arme Alte ließ sich ein Bett neben seiner Kammer aufschlagen . . . . Es war ja möglich, daß sie einmal nachts bei den Seidenraupen nötig war. So kam das Fest des heiligen Egidius, des Schutzpatrons der Meierhofsbesitzer. Große Freude im Meierhofe . . . Es gab Château-Neuf für alle Welt und Glühwein in ganzen Strömen. Dann Raketen und Schwärmer und bunte Laternen in den Zirgelbäumen . . . . Es lebe der heilige Egidius! Mau tanzte auf Tod und Leben. Der Jüngste verbrannte sich seine neue Bluse . . . . Jan selbst sah ganz vergnügt aus; er forderte selbst seine Mutter zum Tanze auf; die arme Frau weinte vor Glück darüber. Um Mitternacht ging man zu Bett. Alle Welt fühlte das Bedürfnis zu schlafen . . . Jan schlief nicht . . . Der Jüngste hat später erzählt, daß er die ganze Nacht geschluchzt habe . . . . Ach! ich versichere Ihnen, daß man dem hernach Vorwürfe genug gemacht hat . . . .

~

Am andern Morgen beim Tagesgrauen hörte die Mutter jemand durch ihre Kammer laufen. Es ergriff sie wie eine Ahnung:

"Jan, bist du es?"

Jan antwortet nicht, er ist schon auf der Treppe.

Schnell, schnell springt die Mutter aus dem Bett:

"Jan, wo willst du hin?"

Er steigt hinaus zum Getreideboden; die Mutter hinterdrein:

"Mein Sohn! In des Himmels Namen!"

Er schließt die Thür und schiebt den Riegel vor.

"Jan, mein Jan! Antworte mir. Was willst du thun?"

Mit ihren alten, zitternden Händen tastet sie herum, sie sucht den Drücker ... Da öffnet sich ein Fenster, man hört einen Körper auf die Steinplatten des Hofes fallen, und aus ist es ....

Er hatte sich gesagt, der arme Junge: "Ich liebe sie zu sehr ... drum will ich sterben ..." Ach, was ist doch unser Herz für ein elendes Ding! Und doch ist es ein wenig stark, daß nicht einmal die Verachtung die Liebe zu töten vermag! ... An jenem Morgen fragten sich die Leute in dem Dorfe, wer wohl da unten in der Richtung von Estèves Meierhofe auf so entsetzliche Weise schreien könne. Es war die Mutter. Sie stand im Hofe halb nackt vor dem steinernen, mit Thau und Blut bedeckten Tische und jammerte über ihr Kind, das sie tot in ihren Armen hielt.

Das Maultier des Papstes.

Von allen hübschen Redensarten, Sprichwörtern und Sinnsprüchen, womit die Bauern der Provence ihre Gespräche zu verbrämen pflegen, scheint mir keines so bezeichnend und eigentümlich, als das folgende. Man sagt auf fünfzehn Stunden in der Runde von meiner Mühle von einem rachsüchtigen, unversöhnlichen Menschen: "Dieser Mensch da! traue ihm nicht! .. er ist wie das Maultier des Papstes, das sieben Jahre lang seinen Fußtritt aufhebt." Lauge Zeit habe ich danach gesucht, wo dieses Sprichwort herkommen möge und was für eine Bewandtnis es mit diesem päpstlichen Maultiere und mit dem sieben Jahre lang aufgehobenen Fußtritt habe. Niemand hier hat mir darüber Auskunft geben können, nicht einmal Francet Mamaï, mein Querpfeifer, der doch sämtliche provençalische Legenden am Schnürchen herzusagen weiß. Francet denkt wie ich, daß das Sprichwort seinen Ursprung irgend einem Vorgange verdankt, der sich vor alters in Avignon ereignet hat; aber er hat von demselben nie anders, als durch das Sprichwort, gehört.

"Sie werden darüber schwerlich etwas wo anders finden, als in der Bibliothek der Grillen," sagte mir lachend der alte Querpfeifer. Die Idee schien mir vortrefflich, und da die Bibliothek der Grillen dicht vor meiner Thüre liegt, so habe ich sie sofort aufgesucht, um mich auf acht Tage darin einzuschließen.

Das ist eine wunderbare Bibliothek, auf das reichste ausgestattet, Tag und Nacht den Dichtern geöffnet und von kleinen Bibliothekaren bedient, die euch überdies die ganze Zeit durch Musik ergötzen. Ich habe darin köstliche Tage verlebt und endlich nach einwöchentlichen Nachforschungen – auf dem Rücken – gefunden, was ich suchte, nämlich die Geschichte meines Maultiers und des sieben Jahre lang aufgehobenen Fußtritts. Die Geschichte ist hübsch, wenn auch ein wenig naiv und ich will versuchen, sie euch zu erzählen, wie ich sie gestern in einem vergilbten Manuskript gefunden habe, welches nach trocknem Lavendel duftete und in welchem große Sommerfäden als Buchzeichen lagen.

~

Wer nicht Avignon zur Zeit der Päpste gesehen hat, hat nichts gesehen. An Fröhlichkeit, Leben, Bewegung, Festlichkeiten gab es nie eine ähnliche Stadt. Da gab es vom Morgen bis zum Abend Prozessionen und Pilgerzüge, da waren die Straßen mit Blumen übersäet, mit Teppichen geschmückt, da kamen auf dem Rhône Kardinäle an, mit im Winde flatternden Fahnen, da sangen die Soldaten des Papstes auf den Plätzen lateinische Lieder und die Bettelmönche ließen ihre Klappern erschallen; dann ertönte aus den Häusern, die sich summend um den großen päpstlichen Palast drängten wie die Bienen um ihre Königin, von oben bis unten das Ticktack der Spitzenklöppler, das Geräusch der hin und her gehenden Schiffchen, die die goldnen Fäden in die Meßgewänder webten, die kurzen Hammerschläge der Ciseleure bei Anfertigung der Meßkännchen, das Stimmen der Musikinstrumente bei den Lautenverfertigern, die Gesänge von Arbeiterinnen;

darüber das Läuten der Glocken und beständig das Rasseln einiger Tamburins da unten, von der Seite der Brücke her. Denn wenn bei uns das Volk zufrieden ist, da muß es tanzen, ja es muß tanzen; und da zu jener Zeit die Straßen der Stadt für die Farandole zu eng waren, so postierten sich Querpfeifen und Tamburins auf die Brücke von Avignon in den frischen Wind des Rhône und Tag und Nacht tanzte man dort, tanzte man . . . . Ach! die glückliche Zeit! Die glückliche Stadt! Hellebarden, die nicht schnitten; Staatsgefängnisse, in welche man Wein schickte um die Gefangenen zu erfrischen. Niemals Mangel; niemals Krieg . . . . So wußten die Päpste von Avignon ihr Volk zu regieren, das ist der Grund, warum ihr Volk sie so sehr bedauert hat! . . .

~

Namentlich war es einer, ein guter Alter, Namens Bonifacius . . . O! wie viel Thränen sind in Avignon vergossen worden, als er starb! Es war ein so liebenswürdiger, so einnehmender Fürst! Wie lachte er so freundlich von seinem Maultier herab! Und wenn jemand an ihm vorüberging, mochte es ein armer kleiner Färber oder der erste Richter der Stadt sein, wie erteilte er ihm so höflich seinen Segen! Ein wahrer Papst von Yvetot, aber von einem Yvetot der Provence, mit einem Zug von Schlauheit in seinem Lächeln, einem Stengel Majoran an seinem Barett und nicht der geringsten Jeanneton . . . . Die einzige Jeanneton, die man jemals von ihm gekannt hat, das war sein Weingarten – ein kleiner Weingarten, den er selbst gepflanzt hatte, drei Stunden von Avignon, in den Myrten von Château-Neuf.

Jeden Sonntag, sobald er aus der Vesper kam, machte der würdige Mann ihm seine Aufwartung; und wenn er da oben war und in der lieben Sonne saß, sein Maultier neben ihm, seine Kardinäle rund um ihn her gelagert, dann ließ er eine Flasche von seinem Gewächs entkorken – eine Flasche dieses schönen rubinfarbenen Weins, den man später den Château-Neuf der Päpste genannt hat – und schlürfte ihn in kleinen Zügen, indem er seine Weinpflanzung mit gerührter Miene betrachtete. Wenn dann die Flasche geleert war und der Tag zu Ende ging, dann kehrte er fröhlich nach der Stadt zurück, gefolgt von seinem ganzen Kapitel und wenn er die Brücke von Avignon passierte zwischen den Tamburinschlägern und den Farandoletänzern hindurch, dann nahm sein Maultier, von der Musik angefeuert, einen gelinden, hüpfenden Paßgang an, während er selbst mit seinem Barett den Takt zum Tanze nickte, was seine Kardinäle sehr skandalisierte, das ganze Volk aber in den Ruf ausbrechen ließ: "Ach! der gute Fürst! Ach! der brave Papst!" –

~

Was der Papst nächst seinem Weingarten in Château-Neuf auf der Welt am meisten liebte, das war sein Maultier. Der gute Mann war in das Vieh ganz vernarrt. Alle Abend vor dem Schlafengehen sah er nach, ob sein Stall gut verschlossen sei, ob seine Krippe genügendes Futter enthalte und niemals würde er sich von der Tafel erhoben haben, ohne unter seinen Augen eine große Bowle Wein à la française bereiten zu lassen mit vielem Zucker und aromatischen Kräutern, den er ihm eigenhändig brachte, trotz der Bemerkungen seiner Kardinäle . . . . Allerdings muß man auch sagen, daß das Tier der Mühe wert war. Es war ein schönes, schwarzes, rotgeflecktes Maultier mit sicherem Gange, glänzendem Felle, breitem und vollem Hinterteil, das seinen kleinen, mageren, mit Bällchen, Schleifen, silbernen Schellen und Quasten überdeckten Kopf stolz trug; dabei sanft wie ein Engel, das Auge aufrichtig und zwei lange Ohren, beständig in Bewegung, was ihm das Ansehen eines guten Kerls gab . . . . Ganz Avignon erwies ihm Achtung und wenn es durch die Straßen ging, behandelte es jedermann mit der größten Zuvorkommenheit, denn jedermann wußte, daß dies das beste Mittel war sich bei Hofe angenehm zu machen und daß das Maultier des Papstes trotz seiner unschuldigen Miene manch einem zum Glück verholfen hatte. Beweis: Tistet Védène und sein wunderbares Abenteuer.

Dieser Tistet Védène war, der Hauptsache nach, ein unverschämter Gassenjunge, den sein Vater, der Goldschmied Guy Védène, hatte aus dem Hause jagen müssen, weil er nichts thun wollte und die Lehrlinge zur Liederlichkeit verführte. Sechs Monate lang sah man ihn in allen Straßen Avignons, namentlich aber in der Nähe des päpstlichen Palastes sich herumtreiben, denn der Schlingel hatte schon seit langer Zeit seine Gedanken über das Maultier des Papstes und ihr werdet sehen, daß es sich um einen schlauen Streich handelte.... Eines Tags, als seine Heiligkeit ganz allein mit seinem Tiere auf dem Walle spazieren ging, sieh! da kommt mein Tistet und redet ihn an, indem er die Hände mit einer Miene der Bewunderung faltet:

"Ach, mein Gott! großer Heiliger Vater, was haben Sie da für ein braves Maultier!... Gestatten Sie, daß ich es ein wenig betrachte.... Ach, mein Papst, das schöne Maultier!... Der Kaiser von Deutschland hat kein solches."

Und er liebkoste es und sprach zu ihm so sanft, als ob er zu einem Fräulein spräche:

"Kommen Sie her, mein Juwel, mein Schatz, meine edle Perle...."

Und der gute Papst sagte ganz gerührt zu sich selbst:

"Was für ein guter kleiner Bursch!... Wie liebenswürdig er mit meinem Maultier ist!"

Und wißt ihr, was am nächsten Morgen geschah? Tistet Védène vertauschte seine alte gelbe Jacke mit einem schönen Spitzenchorhemd, einem Mäntelchen von violetter Seide und Schnallenschuhen und trat in die Dienste des Papstes, zu denen vor ihm nur Söhne der Adligen und Neffen der Kardinäle zugelassen wurden.... Soweit kann man es durch Ränke und Kniffe bringen! – Aber Tistet blieb dabei nicht stehen.

Einmal im Dienste des Papstes, setzte der Schlingel das Spiel fort, das ihm so gut geglückt war. Grob gegen alle Welt, war er voller Aufmerksamkeit und Zuvorkommenheit gegen das Maultier, und stets begegnete man ihm in den Höfen des Palastes mit einer Handvoll Hafer oder einem Bündchen Esparsette, dessen rosige Traubenblüten er sanft hin und her bewegte, indem er nach dem Balkon des Heiligen Vaters einen Blick warf, der zu sagen schien: "Siehst du? Wem ich das wohl bringe?..." So ging es fort, bis am Ende der Papst, welcher fühlte, daß er alt wurde, dahin kam, daß er ihm die Sorge überließ, über den Stall zu wachen und dem Maultier seine Bowle mit Wein à la française zu bringen; was den Kardinälen durchaus nicht zum Lachen war.

~

Aber auch dem Maultier war das nicht zum Lachen.... Jetzt, wenn die Stunde seines Weins kam, sah es fünf oder sechs Pagen vom Dienst bei sich ankommen, die sich eilig mit ihren Mänteln und Spitzen in das Stroh einpaddelten; dann nach wenig Augenblicken verbreitete sich ein warmer, angenehmer Duft nach gebranntem Zucker und aromatischen Kräutern durch den Stall und Tistet Védène erschien, vorsichtig die Bowle mit Wein à la françaisetragend. Dann begann die Marter des armen Tiers.

Diesen Wein, den es so sehr liebte, der es erwärmte, der es beflügelte, hatte man die Grausamkeit hierher zu bringen, hierher in seinen Stall, so daß es den Duft desselben einatmen mußte. Und wenn es dann die Nase davon voll hatte... Vorbei! ich habe dich gesehen, ich habe dich gerochen!.. Der schöne Stoff, so rosig, so feurig, so duftend, verschwand in den Kehlen dieser Taugenichtse.... Und hätten sie es noch dabei bewenden lassen, ihm seinen Wein zu stehlen; aber diese kleinen Pagen waren wie die Teufel, wenn sie getrunken hatten!... Der eine zog es bei den Ohren, der andre bei dem Schwanze; Quiquet setzte sich auf seinen Rücken, Béluguet probierte ihm sein Barett auf und nicht einer dieser Schlingel dachte daran, daß das gute Tier mit einem gut gezielten Fußtritt sie alle in den Polarstern oder noch weiter hätte schicken können.... Aber nein! Man ist nicht umsonst das Maultier des Papstes, das Maultier der Benediktionen und Indulgenzen.... Die dummen Jungen hatten gut machen, das gute Tier geriet nicht in Zorn und es war nur Tistet Védène, dem es grollte... Wenn es merkte, daß der hinter ihm stand, dann juckte es ihm in dem Hufe, und wahrhaftig, es hatte Grund dazu. Dieser Taugenichts Tistet spielte ihm so abscheuliche Streiche! Er erfand so grausame Quälereien, wenn er getrunken hatte!...

Kam es ihm nicht eines Tags in den Sinn, das gute Tier auf den Glockenturm des Palastes zu führen, hinauf, ganz hinauf, bis zu der Spitze!.. Und was ich da erzähle, ist nicht etwa eine Fabel, zweimalhunderttausend Provençalen haben es mit angesehen. Ihr könnt euch das Entsetzen des unglücklichen Maultiers denken, als es nach stundenlangem Herumtappen auf einer finsteren Wendeltreppe, nach mühseliger Erklimmung von – ich weiß nicht wie vielen Stufen, sich plötzlich auf einer Plattform befand, rings von blendendem Licht überflutet, und als es tausend Fuß unter sich ein ganzes phantastisches Avignon erblickte, die Buden auf dem Markte nicht größer als Nußschalen, die Soldaten des Papstes vor ihrer Kaserne wie rote Ameisen und dort unten über einen Silberfaden eine kleine mikroskopische Brücke, auf der man tanzte . . . tanzte . . . tanzte! – Ach, du armes Tier! Welches Entsetzen! Von dem Geschrei, das es ausstieß, erzitterten alle Fensterscheiben des Palastes.

"Was giebt es denn da? Was hat man ihm gethan?" rief der gute Papst, indem er auf seinen Balkon stürzte.

Tistet Védène war bereits unten im Hofe und that, als ob er weine und sich die Haare ausraufe:

"Ach! großer Heiliger Vater, was es giebt! Ihr Maultier . . . Mein Gott, was fangen wir nur an? Ihr Maultier ist auf den Glockenturm hinaufgestiegen."

"Ganz allein???"

"Ja, großer Heiliger Vater, ganz allein . . . Sehen Sie, blicken Sie nur hinauf, da oben . . . Sehen Sie die Spitzen seiner Ohren, die da hervorstehen? Man sollte meinen, es wären ein Paar Schwalben . . ."

"Gottes Barmherzigkeit!" schrie der arme Papst die Augen erhebend . . . . "Ja, ist es denn toll geworden! Aber es wird sich den Tod holen . . . Willst du wohl wieder herunter kommen, Unglückstier! . . ."

Beim Himmel! Das arme Geschöpf hätte selbst wohl nichts lieber gewollt, als wieder hinunter zu kommen . . . .; aber wie? Auf der Treppe? Daran war nicht zu denken: da kann man wohl allenfalls hinaufkommen, aber herunter! Gott bewahre, da würde man ja hundertmal die Beine zerbrechen . . . . Das arme Maultier war untröstlich und dachte, indem es seine Augen voller Schwindel auf der Plattform herum schweifen ließ, an Tistet Védène:

"O, Bandit! wenn ich davonkomme.... Welchen Fußtritt morgen früh!"

Dieser Gedanke an den Fußtritt flößte ihm wieder etwas Mut in den Leib, sonst wäre es nicht imstande gewesen sich zu halten.... Endlich gelang es, das arme Tier wieder herunterzubringen, aber es war eine schwierige Geschichte. Man mußte dabei eine Winde, verschiedene Seile und eine Trage zu Hilfe nehmen. Und nun denkt euch: welche Demütigung für das Maultier des Papstes, da oben in der Luft zu hängen und mit den Beinen darin herumzurudern, wie ein Maikäfer am Ende eines Fadens! Und ganz Avignon sah das mit an.

Das unglückliche Tier konnte darüber die Nacht nicht schlafen. Immer kam es ihm vor, als ob es sich auf der verdammten Plattform herumdrehte und die Stadt unten darüber lachte; dann dachte es an diesen niederträchtigen Tistet Védène und an den hübschen Fußtritt, den es ihm am nächsten Morgen verabreichen werde. O, meine Freunde, was für ein Fußtritt! Den Dampf davon sollte man bis nach Pampérigouste sehen.... Aber wißt ihr, was Tistet Védène that, während man ihm diesen schönen Empfang im Stalle zudachte? Der schwamm singend auf einer päpstlichen Galeere den Rhône hinab und ging an den Hof von Neapel mit der Schar der jungen Adligen, welche die Stadt jedes Jahr in die Umgebung der Königin Johanna schickte, um sich in der Diplomatie und in feinen Sitten zu üben. Tistet war zwar nicht adelig, aber der Papst hielt darauf, ihn für die Sorge, die er für sein Maultier getragen, und namentlich für die Thätigkeit zu belohnen, die er am Tage der Errettung entwickelt hatte.

Wie fühlte sich das Maultier am nächsten Morgen in seiner Erwartung getäuscht!

"Ah! der Bandit! der hat etwas geahnt!" – dachte es, indem es seine Schellen wütend schüttelte.... "aber einerlei, geh nur, du Schuft! wenn du wiederkommst, sollst du ihn doch bekommen, deinen Fußtritt... ich hebe ihn dir auf."

Und es hob ihn auf.

Nach Tistets Abreise kehrte das Leben des Maultiers in sein ruhiges Gleis zurück. Kein Quiquet, kein Béluguet kam mehr in den Stall. Die schönen Tage des Weins à la française waren wieder gekommen und mit ihnen die gute Laune, die langen Siesten und der kurze Tanzschritt, wenn es über die Brücke von Avignon ging. Indes zeigte man ihm seit seinem Abenteuer in der Stadt stets ein wenig Kälte. Es gab Geflüster auf der Straße, die alten Leute zuckten die Achseln, die Kinder lachten und zeigten nach dem Glockenturm. Der Papst selbst hatte nicht mehr das alte Vertrauen zu ihm und wenn er sich Sonntags bei der Rückkehr von dem Weingarten gehen ließ, ein kleines Schläfchen auf seinem Rücken zu machen, so konnte er niemals den Hintergedanken los werden: "Wenn ich nur nicht einmal da oben auf der Plattform wieder erwache!" Das Maultier sah das und litt darunter, ohne etwas zu sagen. Nur zitterten, wenn man vor ihm den Namen Tistet Védène aussprach, seine langen Ohren und dann schärfte es mit einem Anflug von schadenfrohem Lächeln seine Hufeisen auf dem Pflaster ...

So vergingen sieben Jahre; am Schluß des siebenten kehrte Tistet Védène vom Hofe von Neapel zurück. Zwar war seine Zeit dort unten noch nicht um; aber er hatte gehört, daß der erste Senfbereiter des Papstes in Avignon plötzlich gestorben war, und da die Stelle ihm gut erschien, so hatte er sich in großer Eile aufgemacht, um sich als Mitbewerber zu melden.

Als er nun in den Saal des Palastes trat, da hatte der Heilige Vater Mühe, den alten Ränkeschmied Védène wieder zu erkennen; so groß und stark war er geworden. Freilich war der gute Papst seinerseits recht alt geworden und konnte ohne Brille gar nicht gut mehr sehen.

Tistet ließ sich dadurch nicht einschüchtern.

"Wie? großer Heiliger Vater, Sie erkennen mich nicht wieder? .... Ich bin es, Tistet Védène! ..."

"Védène? ..."

"Ei freilich! .. Wissen Sie: der, der Ihrem Maultiere den Wein à la française brachte."

"Ah! ja, ja, . . . ich erinnere mich . . . . Ein guter kleiner Junge, dieser Tistet Védène! . . . . Und nun, was will der jetzt von uns?"

"Oh! nicht viel, großer Heiliger Vater . . . . Ich kam um Sie zu bitten . . . . Apropos, haben Sie es noch immer, Ihr Maultier? Es geht ihm doch gut? . . . Ah, um so besser! . . . Ich kam Sie um die Stelle des ersten Senfbereiters zu bitten, der vor kurzem gestorben ist."

"Erster Senfbereiter, du! . . . . Aber du bist zu jung. Wie alt bist du denn?"

"Zwanzig Jahr und zwei Monat, erhabener Pontifex; gerade fünf Jahre älter, als Ihr Maultier . . . . Ah! gerechter Gott, das brave Tier! . . . . Wenn Sie wüßten, wie ich dieses Maultier lieb gehabt habe! . . . wie ich mich in Italien nach ihm gesehnt habe! . . . Würden Sie nicht die Gnade haben, es mich sehen zu lassen?"

"Ja, mein Sohn, du sollst es sehen," sagte der gute Papst ganz gerührt . . . . "Und da du es so sehr liebst, das brave Tier, so will ich nicht, daß du fern von ihm lebst. Von heute an nehme ich dich daher in meine Dienste als ersten Senfbereiter . . . . Meine Kardinäle werden darüber schreien, aber um so schlimmer für sie! Ich bin daran gewöhnt . . . . Komm also morgen nach dem Nachmittagsgottesdienst, da werden wir dir die Insignien deiner Würde in Gegenwart unseres Hofes übergeben und dann . . . . werde ich dich zu meinem Maultiere führen und du wirst mit uns beiden nach dem Weingarten kommen . . . . he! he! nun geh . . . ."

Ich habe wohl nicht nötig zu sagen, daß Tistet Védène sehr zufrieden war, als er den großen Saal verließ und daß er mit großer Ungeduld die Ceremonie des nächsten Tages erwartete. Und doch gab es im Palaste noch jemand, der noch glücklicher und noch ungeduldiger war, als er: das war das Maultier. Von dem Moment an, wo Védène zurückkehrte bis zum Nachmittagsgottesdienst des folgenden Tages hörte das schreckliche Tier nicht auf sich mit Hafer vollzupfropfen und mit den Hufen der Hinterfüße nach der Mauer auszuschlagen. Es bereitete sich ebenfalls auf die Ceremonie vor . . .

Den nächsten Tag also nach dem Nachmittagsgottesdienst, trat Tistet Védène in den Hof des päpstlichen Palastes. Die ganze hohe Geistlichkeit war da versammelt, die Kardinäle in roten Gewändern, der Advokat des Teufels in schwarzem Sammet, die Abbés mit ihren kleinen Mitren, die Kirchenvorsteher von Saint-Agrico, die violetten Mäntelchen des Dienstes, auch die niedere Geistlichkeit, die Soldaten des Papstes in großer Uniform, die drei Brüderschaften der Büßer, die Eremiten des Mont Ventoux mit ihren wilden Mienen und der Mesner, der hinterdrein geht und das Glöckchen trägt, die Brüder Geißler nackt bis auf den Gürtel, alle, alle bis zu dem Spender des Weihwassers und dem, der die Kerzen anzündet und dem, der sie auslöscht ... Es fehlte nicht einer.... Ah, das war ein schönes Weihefest! Glocken, Schwärmer, Sonnenschein, Musik und dazwischen beständig die Tamburins, die wie toll zum Tanz ertönten, dort unten auf der Brücke von Avignon ...

Als Védène in der Mitte der Versammlung erschien, erregte seine stattliche Haltung und sein schönes Gesicht ein Murmeln der Bewunderung. Er war ein prächtiger Provençale, aber einer von den blonden, mit langen, am Ende gekräuselten Haaren und einem kleinen närrischen Barte, der aus den Abfällen des edeln Metalls gemacht schien, die unter dem Grabstichel seines Vaters, des Goldciseleurs gefallen waren. Es ging das Gerücht, daß in diesem blonden Barte die Finger der Königin Johanna zuweilen gespielt hätten; und in der That hatte der Herr von Védène ganz das gloriöse Ansehen und den zerstreuten Blick der Männer, die von Königinnen geliebt wurden ... Am heutigen Tage hatte er zur Ehre seines Vaterlandes seine neapolitanische Kleidung mit einer Jacke à la Provençale vertauscht, die mit rosafarbiger Borte besetzt war und auf seiner Kopfbedeckung zitterte eine große Ibisfeder von Camargue.

Sobald er eingetreten war, grüßte der erste Senfbereiter die Versammlung mit höflicher Miene und schritt auf den erhöhten Platz zu, wo ihn der Papst erwartete, um ihm die Insignien seiner Würde zu überreichen: den Löffel ans gelbem Buchsbaum und das safrangelbe Gewand. Das Maultier stand am Fuße der Treppe ganz angeschirrt und bereit, nach dem Weingarten aufzubrechen... Als er nahe an ihm vorbeiging, zeigte Tistet Védène ein süßes Lächeln und blieb stehen, um seinem Rücken zwei oder drei freundschaftliche Klapse zu applizieren, wobei er seitwärts nach dem Papste schielte, um zu sehen, ob dieser ihn bemerke. Die Stellung war gut.... das Maultier nahm seinen Anlauf:

"Da! nimm, Bandit! Sieben Jahre habe ich ihn dir aufgehoben!"

Und damit verabreichte ihm das Maultier einen fürchterlichen Fußtritt, so fürchterlich, daß man selbst von Pampérigouste aus den Dampf sah, einen Wirbel von blauem Dampf, in welchem eine Ibisfeder herumtanzte: das war alles, was von dem unglücklichen Tistet Védène übrig war ...

Gewöhnlich sind die Fußtritte der Maultiere nicht so zerschmetternd; dies aber war ein päpstliches Maultier; und dann bedenkt doch: es hatte ihm denselben sieben Jahre lang aufgehoben.... Es giebt kein schöneres Beispiel geistlicher Rachsucht. –

Der Leuchtturm von Sanguinaires.

Diese Nacht habe ich nicht schlafen können. Der Nordwind blies ganz wütend und seine laut schallende Stimme hat mich bis zum Morgen wach erhalten. Schwer bewegte meine Mühle die verstümmelten Flügel, durch welche der Sturm, wie durch das Takelwerk eines Schiffes pfiff. Die ganze Mühle krachte; die Ziegeln flogen von dem Dache. In der Ferne schwankten und brausten die dicht gedrängten Tannen, die den Hügel bedecken, in dem nächtlichen Dunkel. Man hätte sich im offnen Meere wähnen können.

Das hat mir sehr lebhaft die schlaflosen Nächte in das Gedächtnis zurückgerufen, die ich vor drei Jahren dort unten auf der korsischen Küste am Eingange des Golfs von Ajaccio erlebte, als ich den Leuchtturm von Sanguinaires bewohnte.

Es war dies noch ein prächtiger Erdenwinkel zum Träumen und zum Alleinsein, den ich da entdeckt hatte.

Denkt euch eine rötliche Insel von wildem Ansehen; auf einer Spitze der Leuchtturm, auf der andern ein alter genuesischer Turm, auf welchem zu meiner Zeit ein Adler nistete. Unten am Rande des Wassers die Ruine eines Lazaretts, ganz von Unkraut überwuchert, dann Schluchten, Gebüsch, große Felsen, einige wilde Ziegen, kleine korsische, mit fliegender Mähne herumjagende Pferde; endlich da oben, ganz oben in einem Wirbel von allerhand Seevögeln das Gebäude des Leuchtturms mit seinem flachen Dache, auf dem die Wächter hin und her gehen, die grüne Thür mit ihrem Spitzbogen, der kleine eiserne Turm und darüber die große Laterne mit ihren Facetten, die in der Sonne blitzen und selbst während des Tages Licht verbreiten .... So habe ich die Insel des Sanguinaires heute Nacht im Geiste wieder gesehen, als ich meine Tannen brausen hörte. Bevor ich meine Mühle besaß, zog ich mich zuweilen auf diese verzauberte Insel zurück, wenn ich mich nach freier Luft und Einsamkeit sehnte.

Was ich dort that?

Was ich auch hier thue, noch weniger sogar. Blies der Nordwest oder der Nord nicht gar zu stark, so setzte ich mich zwischen zwei Felsen an der Brandung des Meeres nieder mitten unter Möwen, Rohrdommeln und Lerchen und blieb dort fast den ganzen Tag in jener Art von Erstarrung und angenehmer Erschlaffung, welche die Betrachtung des Meeres hervorbringt. Ihr kennt ja wohl diese angenehme Trunkenheit der Seele. Man fühlt sich eins mit der tauchenden Möwe, mit der Flocke Schaums, welche im Sonnenschein zwischen zwei Wogen glänzt, mit dem weißen Rauche des dahinsegelnden Paketbootes, mit dem roten Segel des Korallenfischers, mit dieser Wasserperle, mit jenem Nebelstreifen, während das Bewußtsein der eignen Persönlichkeit vollständig in den Hintergrund der Seele zurückgedrängt ist .... Ach! was habe ich in meiner Insel für glückliche Stunden des halben Schlafs und der Selbstvergessenheit durchlebt! ...

Gestattete ein starker Wind den Aufenthalt am Strande nicht, so zog ich mich nach dem Hofe des Lazaretts zurück, einem kleinen, melancholischen Hofe, ganz erfüllt mit dem Dufte von Rosmarin und wildem Wermut. Dort lehnte ich mich an ein Stück der alten Mauer und überließ mich willig dem unbestimmten Gefühle der Verlassenheit und Traurigkeit, welches mit den Sonnenstrahlen in den Maueröffnungen der Zellen webte, die rings umher gleich alten Gräbern gähnten. Von Zeit zu Zeit ein Schlagen der Thüre, ein leichter Tritt im Grase .... es war eine Ziege, die im Schutz vor dem Winde Nahrung suchte. Bei meinem Anblick blieb sie betreten stehen und sah mich munter, die Hörner erhoben, mit kindlichem Auge an . . .

Gegen fünf Uhr rief mich das Sprachrohr der Wärter zum Mittagsessen. Dann schlug ich einen schmalen Fußpfad ein, der durch das Gebüsch gerade über dem Meere aufwärts stieg und kam langsam zum Leuchtturme zurück, indem ich mich bei jedem Schritte nach dem unermeßlichen Gesichtskreise von Wasser und Licht umwendete, der sich zu erweitern schien, je höher ich kam.

~

Da oben war es reizend. Ich sehe noch den hübschen Speisesaal mit seinen großen Steinfließen und seiner Täfelung von Eichenholz, in der Mitte die dampfende Schüssel, die große Thür nach der weißen Terrasse geöffnet, und durch sie hereinleuchtend den Abendhimmel . . . . Hier waren die Wärter, die auf mich warteten, um sich zu Tisch zu setzen. Es waren ihrer drei, ein Marseiller und zwei Korsen, alle drei klein, bärtig, dasselbe lohfarbige, verwitterte Gesicht, denselben Mantel von Ziegenfell, aber durchaus verschieden an Benehmen und Gemütsart.

An der ganzen Lebensweise dieser Leute erkannte man sofort die Verschiedenheit ihrer Rasse. Der Marseiller, thätig und lebhaft, immer beschäftigt, immer in Bewegung, lief vom Morgen bis Abend auf der Insel herum, gärtnernd, fischend, Eier suchend, dann wieder im Gebüsch auf eine Ziege lauernd, um sie im Vorübergehen zu melken, und immer mit der Sorge für die Nahrung beschäftigt.

Die Korsen dagegen bekümmerten sich, abgesehen von ihrem Dienste, durchaus um gar nichts; sie betrachteten sich als Beamte und verbrachten ihre ganzen Tage in der Küche, wo sie nicht enden wollende Partien scopa spielten, die sie nur unterbrachen, um mit wichtiger Miene ihre Pfeifen anzuzünden oder in ihren hohlen Händen große Blätter grünen Tabaks mit der Schere zu zerkleinern.

Übrigens waren alle drei, Marseiller und Korsen, gute, einfache Leute, voll Zuvorkommenheit gegen ihren Gast, obgleich dieser ihnen im Grunde als ein recht sonderbarer Herr erscheinen mußte . . . .

Man denke doch! Sich zu seinem Vergnügen in einen Leuchtturm einzuschließen!! . . . Wie wurden ihnen die Tage lang, wie waren sie glücklich, wenn die Reihe an sie kam, ans Land zu gehen! . . . . In der guten Jahreszeit hatten sie dieses große Glück jeden Monat einmal. Zehn Tage auf dem Lande gegen dreißig Tage auf dem Leuchtturm, so lautete die Vorschrift; aber im Winter und bei schlechtem Wetter, da gilt keine Vorschrift mehr. Der Wind bläst, die Wogen steigen, der Leuchtturm ist mit weißem Schaume bedeckt und die dienstthuenden Wärter bleiben zwei oder drei Monate hintereinander eingesperrt, zuweilen unter entsetzlichen Verhältnissen.

Hören Sie, was mir begegnet ist, Herr, – erzählte mir eines Tages der alte Bartoli, während wir aßen. – Hören Sie, was mir begegnet ist an einem Winterabend vor fünf Jahren, hier an dem nämlichen Tische, an dem wir jetzt sitzen. An diesem Abend waren wir nur ihrer zwei in dem Leuchtturme, ich und ein Kamerad, den man Tchéco nannte . . . . Die andern waren am Lande, oder krank, oder auf Urlaub, ich weiß nicht mehr . . . . Wir waren ziemlich fertig mit essen und saßen ganz ruhig da . . . Auf einmal hört mein Kamerad auf zu essen, sieht mich einen Augenblick ganz sonderbar an und puff! da fällt er auf den Tisch, die Arme nach vorn gestreckt. Ich gehe zu ihm, ich schüttle ihn, ich rufe ihn:

"O! Tché! . . . O Tché! . . . ."

Nichts! er war tot . . . Sie können sich denken, wie mir zu Mute war! Länger als eine Stunde blieb ich betäubt und zitternd vor dem Leichnam; da kam mir plötzlich der Gedanke: "Und der Leuchtturm!" Ich hatte kaum die Zeit, in die Laterne hinaufzusteigen und anzuzünden. Die Nacht war bereits da. Und was für eine Nacht, mein Herr! Das Meer, der Wind, das klang alles ganz unnatürlich! Jeden Augenblick schien es mir, als riefe mich jemand auf der Treppe . . . . Und dabei ein Fieber, ein Durst! Aber um keinen Preis wäre ich hinuntergegangen . . . ich fürchtete mich zu sehr vor dem Toten. Jedoch bei Tages Grauen bekam ich wieder ein bißchen Mut.

Ich trug meinen Kameraden auf sein Bett; ein Betttuch darüber, ein kurzes Gebet und – schnell zu den Lärmsignalen.

Unglücklicherweise ging das Meer zu hoch. Ich hatte gut rufen, rufen; es kam niemand . . . . Da war ich allein in dem Leuchtturme mit meinem armen Tchéco und Gott weiß, wie lange . . . . Ich hoffte ihn bis zur Ankunft des Bootes bei mir behalten zu können; aber nach Ablauf von drei Tagen war es nicht mehr möglich . . . Was sollte ich machen? Ihn hinaustragen? Ihn begraben? Der Felsen war zu hart, und es giebt so viele Raben auf der Insel. Es wäre ein Jammer gewesen, ihnen diesen Christen zu überlassen. Dann kam mir der Gedanke, ihn hinabzutragen in eine der kleinen Zellen des Lazaretts . . . Das kostete mich einen ganzen Nachmittag, diese traurige Arbeit, und ich kann Ihnen versichern, daß ich dazu all meinen Mut zusammen nehmen mußte . . . . Sehen Sie, mein Herr! noch heute, wenn ich nachmittags bei starkem Winde auf dieser Seite der Insel hinunter gehe, ist mir's, als hätte ich den Toten noch auf der Schulter . . . Armer alter Bartoli! Bei der bloßen Erinnerung daran floß ihm der Schweiß von der Stirne. –

~

So endigten unsere Mahlzeiten mit langen Plaudereien: der Leuchtturm, das Meer, Erzählungen von Schiffbrüchen, Geschichten von korsischen Banditen . . . . Dann, wenn der Tag sich neigte, brannte der Wärter des ersten Viertels seine kleine Lampe an, nahm seine Pfeife, seine Flasche, einen dicken Plutarch mit rotem Schnitt, die ganze Bibliothek des Sanguinaires, und verschwand durch den Hintergrund. Einen Augenblick später gab es in dem ganzen Leuchtturm ein Rasseln von Ketten, Winden und großen Gewichten von Uhrwerken, die man aufzog.

Ich ging unterdessen hinaus auf die Terrasse und setzte mich dort nieder. Die Sonnenscheibe sank mehr und mehr gegen das Wasser, der Wind wurde frisch, die Insel violett. Am Himmel flog nicht weit von mir ein großer Vogel mit schwerem Flügelschlage vorüber: es war der Adler von dem genuesischen Turm, der nach Hause zurückkehrte . . . . Allmählich stieg aus dem Meere Nebel auf; bald sah man nichts mehr, als den Saum von weißem Schaume um die Insel . . . . Plötzlich ergoß sich über meinen Kopf eine mächtige Flut sanften Lichts. Der Leuchtturm war angezündet. Sein heller Strahlenkegel fiel breit auf das Meer, während die gesamte Insel im Schatten blieb und ich war da, verloren in der Nacht, unter den gewaltigen Lichtwellen, die im Vorübergehen mich kaum blendeten . . . . Aber der Wind wurde frischer und frischer. Es war nötig wieder hinein zu gehen. Tastend schloß ich die große Thüre und schob die eisernen Riegel vor; dann immer tastend suchte ich die kleine eiserne Treppe, die unter meinen Schritten zitterte und tönte und kam endlich oben auf dem Leuchtturme an. Aber hier! welche Flut von Licht!

Stellt euch eine riesige Carcellampe vor mit sechsfachen Dochtreihen, um welche die Wände der Laterne sich langsam drehen, von denen ein Teil gewaltige Krystalllinsen enthält, während die übrigen durch Glasscheiben gebildet werden, welche die Flamme vor dem Winde schützten . . . . Beim Eintritt war ich geblendet. Dieses Kupfer, dieses Zinn, diese Reflektoren von weißem Metall, diese Mauern aus gewölbtem Glas beschrieben im Drehen große bläuliche Kreise, und dieses Spiegeln, dieses Gewirr von Lichtstrahlen machte mich einen Augenblick schwindlich.

Allmählich indes gewöhnten sich meine Augen daran und ich setzte mich am Fuße der Lampe und an der Seite des Wärters nieder, der seinen Plutarch mit lauter Stimme las aus Furcht einzuschlafen . . . .

Draußen die schwarze Nacht! die Unermeßlichkeit! Auf dem kleinen Balkon, der rings die Laterne umgiebt, bläst und heult der Wind wie toll. Der Leuchtturm kracht, das Meer braust. Wie Kanonendonner tönt es von der Brandung an der Spitze der Insel herauf, wenn die Wellen sich brechen . . . Zuweilen klopft ein unsichtbarer Finger an die Glasscheiben: irgend ein Nachtvogel, den das Licht anlockt und der sich an dem Krystall den Kopf einstößt . . . . In der heißen, strahlenden Laterne nichts, als das Knistern der Flamme, das Geräusch des herabtropfenden Öls, das Geklirr der ablaufenden Kette. Dazu eine monotone Stimme, welche das Leben des Demetrius Phalereus herableiert . . .

~

Um Mitternacht erhob sich der Wärter, warf einen letzten Blick auf seine Dochte und wir stiegen hinab. Auf der Treppe begegneten wir dem Kameraden des zweiten Viertels, der im Heraufsteigen sich die Augen rieb. Er nahm die Flasche und den Plutarch in Empfang . . . . Dann, bevor wir unsere Betten aufsuchten, traten wir einen Augenblick in das Zimmer im Hintergrunde, welches mit Ketten, schweren Gewichten, Zinngefäßen, Stricken ganz angefüllt war und hier schrieb der Wärter bei dem Lichte seiner kleinen Lampe in das stets geöffnete große Buch des Leuchtturms:

Mitternacht. Schwere See. Sturm. Schiff auf hoher See.

Der Todeskampf der Semillante.

Da uns der Nordwestwind der vergangenen Nacht einmal nach der korsischen Küste geführt hat, so laßt mich euch eine schreckliche Seegeschichte erzählen, von welcher die Fischer da unten sich abends oft unterhalten und über welche der Zufall mir merkwürdige Einzelheiten zugeführt hat.

. . . . Es ist zwei oder drei Jahre her.

Ich befuhr das Meer von Sardinien in Gesellschaft von sieben oder acht Zollmatrosen. Es war eine böse Reise für einen Neuling! Im ganzen Monat März nicht einen einzigen guten Tag. Der Ostwind hatte es auf uns abgesehen und das Meer blieb beständig in Aufruhr. Eines Abends, als wir vor dem Sturme flohen, suchten wir mit unserem Boote Zuflucht in der Meerenge von Bonifacio mitten in einer Menge kleiner Inseln . . . Ihr Anblick bot durchaus nichts Anziehendes: große kahle, von Vögeln bedeckte Felsen, einige Büsche Wermut, Gruppen von Mastixbäumen und hier und da in dem Schlamme Stücke faulenden Holzes. Aber, meiner Treu, zum Übernachten waren diese düstern Felsen noch immer besser, als die alte, nur halbverdeckte Barke, in welche die Wellen schlugen, als wenn sie da zu Hause wären. Wir begnügten uns also mit ihnen. Kaum am Lande, rief mich der Patron, während die Matrosen Feuer anzündeten, um das Essen zu bereiten. Er zeigte auf ein kleines, von einer weißen Mauer eingeschlossenes Gehege, das am Ende der Insel aus dem Nebel hervorsah und fragte:

"Kommen Sie mit auf den Friedhof?"

"Auf den Friedhof, Patron Lionetti? Wo sind wir denn?"

"Auf den Lavezzi-Inseln, mein Herr. Hier sind die sechshundert Männer von der Semillante begraben an derselben Stelle, wo ihre Fregatte vor zehn Jahren unterging . . . . Arme Leute! Sie bekommen nur wenig Besuch; und da wir einmal hier sind, so müssen wir ihnen doch wenigstens guten Tag sagen."

"Von Herzen gern, Patron."

~

Wie traurig war er, der Friedhof der Semillante! . . . Noch sehe ich ihn mit seiner kleinen, niedrigen Mauer, seiner verrosteten, schwer zu öffnenden Thüre, seiner stillen Kapelle und seinen Hunderten von schwarzen, von Unkraut überwucherten Kreuzen . . . . Nicht ein Immortellenkranz, nicht ein Denkzeichen! Nichts . . . Ach, die armen verlassenen Toten, wie müssen sie in ihrem zufälligen Grabe frieren!

Wir knieten einen Augenblick nieder, der Patron sprach ein lautes Gebet. Große Möwen, die einzigen Wächter des Friedhofs, kreisten über unseren Köpfen und mischten ihr rauhes Geschrei mit den Klagetönen des Meeres.

Nach beendigtem Gebete kehrten wir traurig nach dem Winkel der Insel zurück, wo die Barke vor Anker lag. In unsrer Abwesenheit hatten die Matrosen ihre Zeit nicht verloren. Wir fanden ein großes, hell loderndes Feuer im Schutz eines Felsens und einen dampfenden Topf. Wir setzten uns in die Runde, die Füße nach dem Feuer gekehrt und bald hatte ein jeder einen roten irdenen Napf mit zwei gehörig befeuchteten Schnitten Schwarzbrot auf den Knieen. Das Mahl wurde schweigend eingenommen: wir waren durchnäßt, wir hatten Hunger und der Friedhof lag so nahe ... Als indes die Näpfe geleert waren, zündete man die Pfeifen an und plauderte ein wenig. Natürlich sprach man von der Semillante.

"Aber wie ist denn eigentlich die Sache zugegangen?" fragte ich den Patron, der, den Kopf auf die Hände gestützt, gedankenvoll in die Flamme sah.

"Wie die Sache zugegangen ist?" antwortete mir der gute Lionetti mit einem schweren Seufzer; "ach! mein Herr, das kann Ihnen niemand in der Welt sagen. Alles was wir wissen, ist, daß die Semillante mit Truppen, welche für die Krieg bestimmt waren, am vorhergehenden Tage abends bei schlechtem Wetter Toulon verlassen hatte. Während der Nacht wurde das Wetter noch schlechter. Ein Sturm, ein Regen, eine See, wie man noch niemals erlebt hatte. Am Morgen fiel der Wind ein wenig, aber das Meer war noch in voller Aufregung und dabei ein verdammter Teufelsnebel, so daß man ein Leuchtfeuer nicht auf vier Schritt wahrnehmen konnte .... Diese Nebel, mein Herr! man glaubt gar nicht, wie verräterisch die sind .... Übrigens habe ich die Idee, daß die Semillante am Morgen ihr Steuerruder verloren haben muß; denn es giebt keinen Nebel ohne Havarie und niemals wäre es dem Kapitän eingefallen, seinen Kurs hierher zu nehmen. Er war ein harter Seemann, den wir alle kannten. Er hatte die Station in Korsika drei Jahre lang kommandiert und kannte seine Küste so gut wie ich, der ich nichts anderes kenne."

"Und zu welcher Stunde denkt man, daß die Semillante untergegangen ist?"

"Es muß um Mittag gewesen sein; ja, mein Herr, um den vollen Mittag. Aber wahrlich! mit solchem Nebel war der volle Mittag nicht mehr wert als eine Nacht so dunkel, wie der Rachen eines Wolfs ... Ein Zollwächter von der Küste hat mir erzählt, daß an jenem Tage gegen elf und ein halb Uhr, als er aus seinem Häuschen herausgegangen war, um seine Läden wieder fest zu machen, ein Windstoß seine Kappe fortgeführt habe. Auf die Gefahr hin, selbst von einer Meereswelle fortgeschwemmt zu werden, sei er derselben am Meeresufer auf allen Vieren nachgekrochen. Wissen Sie! die Zollwächter sind nicht reich und eine Kappe, die kostet viel Geld. Nun hätte er einmal für einen Augenblick den Kopf in die Höhe gerichtet und da habe er ganz in seiner Nähe durch den Nebel ein großes Schiff ohne Segel gesehen, das vor dem Winde nach den Lavezzi-Inseln hin flog. Das Schiff ging schnell, so schnell, daß der Zollwächter kaum die Zeit hatte, es richtig zu sehen. Alles aber läßt glauben, daß es die Semillante war, denn eine halbe Stunde später hat der Schäfer der Insel gehört, daß an diesen Felsen . . . Aber da kommt gerade der Schäfer, von den. ich spreche, mein Herr; er wird Ihnen die Geschichte selbst erzählen Guten Tag, Palombo! . . . komm, wärme dich ein wenig! brauchst dich nicht zu fürchten."

Ein vermummter Mann, den ich seit ein paar Augenblicken hatte um unser Feuer schleichen sehen und den ich für einen von der Schiffsmannschaft gehalten hatte, da ich nicht wußte, daß es einen Schäfer auf der Insel gab, näherte sich uns furchtsam.

Es war ein alter Aussätziger, zu drei Viertel blödsinnig, dessen Lippen infolge irgend eines skorbutischen Leidens wurstförmig angeschwollen waren – ein entsetzlicher Anblick! Mit großer Mühe machte man ihm begreiflich, um was es sich handle. Darauf hob der Alte mit dem Finger seine kranke Lippe in die Höhe und erzählte uns, daß er in der That am fraglichen Tage, gegen Mittag, von seiner Hütte aus ein entsetzliches Krachen an den Felsen gehört habe. Weil die ganze Insel vom Wasser bedeckt war, hatte er nicht aus der Hütte gehen können und erst am nächsten Tage hatte er beim Heraustreten aus der Thür das Ufer mit den Trümmern des Schiffs und mit den Leichen bedeckt gesehen, die das Meer zurückgelassen hatte. Entsetzt war er in vollem Laufe nach seiner Barke geflohen, um nach Bonifacio zu fahren und von dorther Leute zu holen.

~

Ermüdet von der langen Rede setzte sich der Schäfer nieder und der Patron nahm wieder das Wort:

"Ja, mein Herr, von diesem armen Alten haben wir die erste Nachricht bekommen. Er war fast närrisch vor Furcht und seit der Geschichte ist sein Gehirn gestört geblieben. Grund genug war freilich dazu vorhanden.... Denken Sie sich sechshundert Leichen aufgehäuft auf dem Sande in buntem Gemisch mit den Trümmern des Schiffs und den Fetzen des Segelwerks.... Arme Semillante!.... Das Meer hatte sie mit einem Schlage zertrümmert und in so kleine Stückchen zerschlagen, daß der Schäfer Palombo unter den ganzen Trümmern kaum genügendes Material finden konnte, um seine Hütte mit einem Pfahlwerk zu umgeben.... Die Menschen, fast alle entstellt und schrecklich verstümmelt... Es war ein Jammer, sie so aneinander gehäuft liegen zu sehen... Wir fanden den Kapitän in großer Uniform, den Schiffsgeistlichen mit der Stola um den Hals; in einem Winkel zwischen zwei Felsen einen kleinen Schiffsjungen mit offnen Augen... man hätte glauben sollen, daß er noch lebte; aber nein! Es war bestimmt, daß auch nicht einer davon kommen sollte..."

Hier unterbrach sich der Patron.

"Achtung, Nardi!" rief er, "das Feuer geht aus."

Nardi warf zwei oder drei Bruchstücke geteerter Planken auf die Glut, und Lionetti fuhr fort:

"Das Traurigste an der Geschichte ist folgendes... Drei Wochen vor dem Unglück hatte eine kleine Korvette, die wie die Semillante nach der Krim ging, auf die gleiche Weise Schiffbruch erlitten, fast auf derselben Stelle; nur war es uns damals gelungen, die Schiffsmannschaft und zwanzig Trainsoldaten zu retten, die sich an Bord befanden... Diese armen Teufel wurden nach Bonifacio gebracht und wir behielten sie zwei Tage lang bei uns in der Marine. Als sie trocken genug und wieder auf den Beinen waren, guten Abend! viel Glück! da kehrten sie nach Toulon zurück, und dort schiffte man sie kurze Zeit darauf wieder nach der Krim ein.... Und denken Sie, auf welchem Schiff!... Auf der Semillante, mein Herr.... Wir haben sie alle wieder gefunden, alle zwanzig lagen unter den Toten hier, wo wir sind.... Ich selbst fand einen hübschen Brigadier mit prächtigem Schnurrbart, einen Blonden aus Paris, den ich bei mir beherbergt hatte und der uns die ganze Zeit mit seinen Geschichten zum Lachen gebracht hatte.... Ihn hier zu sehen, das drehte mir das Herz um... Ach! Heilige Mutter!..."

Bei diesen Worten schüttete der brave Lionetti, ganz gerührt, die Asche aus seiner Pfeife, wickelte sich in seinen Mantel und wünschte mir gute Nacht... Die Matrosen plauderten noch einige Zeit mit halber Stimme; dann erloschen die Pfeifen, eine nach der andern. Man sprach nicht mehr. Der alte Schäfer ging fort... Und ich blieb allein, um in der Mitte der schlafenden Schiffsmannschaft zu träumen.

~

Noch unter dem Eindruck der traurigen Erzählung, die ich eben gehört hatte, versuchte ich in Gedanken das arme untergegangene Schiff und die Geschichte der Todesangst mir zu vergegenwärtigen, deren Zeugen nur die Möwen gewesen waren. Einige Einzelheiten, die mir besonders aufgefallen waren: der Kapitän in großer Uniform, die Stola des Geistlichen, die zwanzig Trainsoldaten halfen mir die ganze Entwicklung des Dramas zu erraten... Ich sah die Fregatte Toulon in der Nacht verlassen... Sie fährt aus dem Hafen. Das Meer ist aufgeregt, der Wind entsetzlich; allein man hat als Kapitän einen tapferen Seemann und alle Welt an Bord ist ruhig....

Am Morgen erhebt sich Nebel aus dem Meere. Man beginnt unruhig zu werden. Die ganze Mannschaft ist auf Deck, der Kapitän verläßt die Kommandobrücke nicht.... Im Zwischendeck, in welchem die Soldaten eingeschlossen sind, ist es dunkel, die Luft ist heiß. Einige sind krank, sie liegen auf ihren Lagern. Das Schiff schwankt entsetzlich; es ist unmöglich sich aufrecht zu halten. Man scherzt, in Gruppen an der Erde sitzend und sich an den Bänken anklammernd; man muß schreien, um gehört zu werden. Einzelne fangen an sich zu fürchten... Hört doch! Schiffbrüche sind nichts Seltenes in dieser Gegend; gar mancher weiß etwas davon zu erzählen und, was man erzählt, ist nicht gerade beruhigend. vor allen aber macht ihr Brigadier, ein Pariser Windbeutel, durch seine Witze, daß sie eine Gänsehaut überläuft:

"Ein Schiffbruch! . . . das ist ja ein wahrer Spaß, so ein Schiffbruch! Das kostet uns höchstens ein kaltes Bad; dann bringt man uns nach Bonifacio und dann giebt's beim Patron Lionetti Amseln zu speisen."

Man lacht.

Plötzlich ein Krach! . . . Was ist das? Was geht da vor? . . .

"Das Steuerruder ist fort," sagt ein Matrose. Ganz durchnäßt eilt er laufend durch das Zwischendeck.

"Glückliche Reise!" ruft der Tollkopf, der Brigadier; aber niemand lacht mehr darüber.

Großer Tumult auf dem Verdeck. Vor dem Nebel kann kein Mensch den andern sehen. Die entsetzten Matrosen kommen und gehen tastend umher . . . Kein Steuer mehr! Man kann das Schiff nicht mehr regieren. Die Semillante treibt mit dem Winde . . . Das ist der Augenblick, in welchem der Zollwächter das Schiff passieren sah: es ist elf und ein halb Uhr. Von vornher hört man auf der Fregatte Getöse wie Kanonenschüsse . . . Die Brandung! die Brandung! . . . Es ist zu Ende, keine Hoffnung mehr; man wird gerade nach der Küste fortgetrieben . . . Der Kapitän steigt herab in seine Kajüte . . . Nach wenigen Augenblicken kehrt er nach der Kommandobrücke zurück – in großer Uniform . . . . Er hat sich für den Tod geschmückt. Im Zwischendeck sehen sich die Soldaten ängstlich an, ohne ein Wort zu sagen . . . . Die Kranken versuchen sich zu erheben . . . der kleine Brigadier lacht nicht mehr . . . Da öffnet sich die Thür und der Geistliche mit der Stola tritt herein:

"Auf die Kniee, meine Kinder!"

Alles gehorcht. Mit erhobener Stimme beginnt der Priester das Gebet für die Sterbenden zu beten. Plötzlich ein entsetzlicher Stoß, ein Schrei, ein einziger Schrei, ein unendlicher Schrei, ausgestreckte Arme, Hände, die krampfhaft einen Halt suchen, entsetzte Blicke, an denen das Gesicht des Todes wie ein Blitz vorüberzieht . . .

Barmherzigkeit! ... So träumte ich die ganze Nacht, indem ich die Seele des armen Schiffs, dessen Trümmer mich umgaben, aus zehnjähriger Vergangenheit herauf citierte ... In der Ferne, in der Meerenge wütete der Sturm; das Feuer des Bivouacs bog sich unter seinem Hauche zur Erde und am Fuße der Felsen hörte ich unsere Barke tanzen, indem sie ihren Anker knirschen machte.

Die Zollwächter.

Das Fahrzeug "Emilie" von Portovecchio, auf welchem ich die traurige Reise nach den Lavezzi-Inseln machte, war ein altes Zollschiff, nur halb verdeckt, auf dem es keinen andern Zufluchtsort gegen Wind, Wogen und Regen gab, als einen kleinen Verschlag, kaum geräumig genug, um einen Tisch und zwei Lagerstätten zu fassen. Es war daher ein wahrer Jammer, unsere Matrosen zu sehen, wenn es schlechtes Wetter gab. Der Regen lief an ihnen herunter, die Kleider dampften wie Wäsche in der Trockenstube und selbst im vollen Winter verbrachten die Unglücklichen ganze Tage, selbst ganze Nächte zusammengekauert auf ihren nassen Bänken, in der ungesunden Feuchtigkeit vor Kälte zitternd; denn man konnte am Bord kein Feuer anzünden und das Ufer war oft nur schwer zu erreichen ... Und dennoch beklagte sich nicht einer dieser Männer. In dem schlechtesten Wetter habe ich an ihnen stets dieselbe Ruhe, dieselbe gute Laune wahrgenommen. Und was für ein trauriges Leben führen diese Zollmatrosen!

Fast alle sind verheiratet, haben Frau und Kinder auf dem Lande und sie selbst müssen Monate lang draußen bleiben und an diesen so gefährlichen Küsten lavieren. Als Nahrung haben sie kaum etwas anderes, als schimmeliges Brot und wilde Zwiebeln. Niemals Wein, niemals Fleisch, denn Fleisch und Wein sind teuer und sie verdienen nicht mehr als vierhundert Mark im Jahre. Vierhundert Mark im Jahr! Ihr könnt euch denken, daß ihre Hütte da unten in der Marine ein wenig dunkel ist und daß die Kinder barfuß gehen müssen! ... Doch das thut nichts! Alle diese Leute scheinen zufrieden. Es stand auf dem Hinterdeck vor dem Verschlage ein großer Kübel mit Regenwasser, aus welchem die Schiffsmannschaft ihren Durst stillte, und ich erinnere mich, daß jeder dieser armen Teufel, sobald der letzte Schluck die Kehle hinunter geglitten war, seinen Becher mit einem "Ah!" der Befriedigung, mit einem Ausdruck des Wohlbefindens schwenkte, was einen zugleich komischen und rührenden Eindruck machte.

Der lustigste, der zufriedenste von allen war ein kleiner, untersetzter, von der Sonne verbrannter Mensch aus Bonifacio, den man Palombo nannte. Der sang beständig, selbst im schlechtesten Wetter. Wenn die See hoch ging, wenn der düstre, niedrige Himmel voll grauer Hagelwolken hing, wenn alles dastand die Nase in der Luft, um zu erraten, woher der nächste Windstoß kommen werde, die Hände bereit, um Steuer und Segel danach zu richten, da ertönte durch das tiefe Schweigen, durch die ängstliche Sorge an Bord die ruhige Stimme Palombos:

Nein, gnädiger Herr,
's ist zu viel Ehr.
Lisette ist wei...se.
Bleibt in ihrem Krei...se.

Und der Wind mochte blasen, er mochte das Takelwerk erseufzen machen, er mochte die Barke hin und her schütteln und die Wogen über sie hinwegjagen, wie er wollte; der Gesang des Zollwächters dauerte fort und schwebte über dem Lärm, wie die Möwe über dem Kamme der Wellen. Mochte auch zuweilen die Begleitung des Windes so stark werden, daß man die einzelnen Worte nicht mehr verstand, – zwischen den Wellenschlägen, durch das Rieseln des niederfließenden Wassers kehrte immer wieder der kleine Schlußreim:

Lisette ist wei...se.
Bleibt in ihrem Krei...se.

Eines Tages jedoch, als es sehr stark windete und regnete, hörte ich ihn nicht. Das war ein so außerordentliches Ereignis, daß ich den Kopf aus dem Verschlage heraussteckte und fragte:

"Nun, Palombo! Singt man denn nicht mehr?"

Palombo antwortete nicht; er lag unbeweglich unter seiner Bank. Ich näherte mich ihm. Er klapperte mit den Zähnen; sein ganzer Körper zitterte im Fieber.

"Er hat eine pountoura," sagten mir traurig seine Kameraden.

Was sie pountoura nennen, das ist Seitenstechen, Pleuresie. Ich habe nie etwas Traurigeres gesehen, als diesen bleifarbigen Himmel, über der von Wasser triefenden Barke und auf dieser den armen Fieberkranken, eingewickelt in einen alten Kautschukmantel, der vom Regen glänzte wie das Fell eines Seehundes. Die Kälte, der Wind, der Wellenschlag verschlimmerten das Übel. Bald traten Fieberphantasien ein; es wurde nötig zu landen.

Das kostete viel Zeit und Anstrengung; erst gegen Abend konnten wir in einen kleinen Hafen einlaufen, der dürr und schweigsam dalag, nur von dem kreisförmigen Fluge einiger Möwen belebt. Rings um den Strand stiegen hohe, steile Felsen empor, undurchdringliche Dickichte von grünen Sträuchern von düsterer Färbung. Unten, am Rande des Wassers, ein weißes Häuschen mit grauen Läden: das war der Posten der Zollwächter. Mitten in der wüsten Umgebung hatte dieses Staatsgemäuer, numeriert wie ein Uniformshelm, etwas unheilverkündendes. Hier brachte man den unglücklichen Palombo an das Land. Ein trauriger Zufluchtsort für einen Kranken! Wir fanden den Zollwächter mit Frau und Kindern beim Essen in einem Winkel nahe dem Feuer. Alle diese Leute hatten gelbe, abgemagerte Gesichter, fiebrige Ringe um die großen Augen. Die noch junge Mutter, einen Säugling auf den Armen, zitterte vor Kälte, als sie mit uns sprach.

"Es ist ein entsetzlicher Posten," sagte mir leise der Inspektor. "Alle zwei Jahre müssen wir neue Wächter hierher schicken. Das Sumpffieber zehrt sie auf . . ."

Inzwischen handelte es sich darum einen Arzt zu beschaffen. Ein solcher war aber nicht näher zu haben, als in Sartène, das heißt sechs bis acht Wegstunden von dort. Was thun? Unsere Matrosen waren gänzlich erschöpft; eines der Kinder zu schicken, dazu war der Weg zu weit. Da beugte sich die Frau zum Fenster hinaus und rief:

"Cecco! . . . Cecco!"

Und wir sahen einen großen, schlanken jungen Mann eintreten, das wahre Musterbild eines Wildschützen oder eines Banditen, mit seiner

Mütze von brauner Wolle und seinem Mantel von Ziegenfell. Schon beim Verlassen des Schiffes hatte ich ihn vor der Thür sitzen sehen, seine rote Pfeife im Munde, eine Flinte zwischen den Beinen; aber bei unserer Annäherung war er geflohen, ich weiß nicht warum. Vielleicht glaubte er, wir hätten Gendarmen bei uns. Bei seinem Eintritt errötete die Frau des Zollwächters ein wenig:

"Es ist mein Vetter . . ." sagte sie zu uns. "Bei dem hat man nicht zu befürchten, daß er den Weg im Dickicht verliert."

Dann sprach sie ganz leise mit ihm, indem sie auf den Kranken zeigte. Der Mann verneigte sich ohne zu antworten, verließ das Zimmer, pfiff seinem Hunde und dort ging er hin, die Flinte auf der Schulter, mit großen Schritten von Fels zu Felsen springend.

Während dieser Zeit beendigten die Kinder, welche die Gegenwart des Zollinspektors in Schrecken zu setzen schien, rasch ihr Mahl, das aus Kastanien und weißem Käse(brucio) bestand. Dazu Wasser, nichts als Wasser! Und doch wäre ein Glas Wein für diese Kleinen so gut gewesen! Ein wahres Elend! – Endlich stieg die Mutter nach oben und brachte die Kinder zu Bett; der Vater zündete seine Laterne an und trat seinen Inspektionsgang nach der Küste an und wir blieben in dem Winkel am Feuer zurück um unsern Kranken zu überwachen, der sich auf seinem elenden Lager herumwarf, als wäre er noch auf hoher See und würde durch den Wellenschlag hin und her geschüttelt. Um sein Seitenstechen zu mildern, wärmten wir Kiesel und Backsteine, die wir auf die schmerzende Seite legten. Ein- oder zweimal, als ich an sein Bett trat, erkannte mich der Unglückliche und streckte mir, um mir zu danken, mühevoll seine Hand hin, eine breite Hand, die so brennend heiß war, wie die aus dem Feuer gezogenen Backsteine . . .

Eine traurige Nachtwache! Draußen hatte beim Anbruch des Abends das schlechte Wetter wieder begonnen; es war ein Tosen, ein Rollen, ein Spritzen von Schaum – eine wahre Schlacht zwischen Wasser und Felsen. Von Zeit zu Zeit drang der Sturm des hohen Meeres durch die Bai bis zu unserem Häuschen. Man bemerkte es an dem plötzlichen Emporlodern der Flamme, welche blitzartig die düstern Gesichter der Matrosen beleuchtete, die um den Kamin herum saßen und mit jenem ruhigen Ausdruck, welchen der Aufenthalt auf hoher See erzeugt, in das Feuer sahen. Zuweilen stieß Palombo eine leise Klage aus. Dann wendeten sich alle Augen nach dem dunkeln Winkel, in welchem der arme Kamerad im Sterben lag, fern von den Seinen, ohne Hilfe. Die Brust der harten Seeleute hob sich, man hörte schwere Seufzer. Das ist die einzige Äußerung, zu welcher das Gefühl des eignen Unglücks diese geduldigen Arbeiter des Meeres hinreißt. Keine Empörung, keine Klage. Ein Seufzer, weiter nichts! – Doch ja, ich täusche mich. Einer von ihnen, der an mir vorüberging, um Reißig auf das Feuer zu werfen, sagte mir ganz leise mit gebrochener Stimme:

"Sehen Sie, mein Herr! Man hat manchmal in unserm Geschäfte recht viel auszustehen! . . . ."

Der Pfarrer von Cucugnan.

Alle Jahre zu Lichtmeß veröffentlichen die provençalischen Dichter in Avignon ein kleines lustiges Buch, das bis zum Rande mit schönen Versen und hübschen Geschichten angefüllt ist. Eben habe ich das diesjährige erhalten und finde darin eine köstliche Erzählung, die ich in etwas abgekürzter Form zu übersetzen versuchen will.

~

Der Abbé Martin war Pfarrer . . . von Cucugnan.

Gut wie Brot, treu wie Gold, liebte er seine Cucugnaner, wie ein Vater seine Kinder; Cucugnan würde für ihn das Paradies auf Erden gewesen sein, wenn das Leben der Cucugnaner etwas mehr seinen Anforderungen entsprochen hätte. Aber ach! in dem Beichtstuhl webten die Spinnen unbehindert ihre Netze und am schönen Osterfeste blieben alle Hostien unberührt im Ciborium. Dem guten Pfarrer blutete darüber das Herz und täglich bat er Gott um die Gnade, ihn nicht früher sterben zu lassen, als bis er die zerstreute Herde in den Stall zurückgeführt habe.

Und, wie ihr sehen werdet, erhörte ihn der liebe Gott.

Eines schönen Sonntags nach dem Evangelium bestieg Abbé Martin die Kanzel.

~

"Meine Brüder," sprach er; "vergangene Nacht – ihr mögt mir glauben oder nicht – befand ich mich an der Pforte des Paradieses."

Ich klopfte an; der heilige Petrus öffnete mir.

"Sieh da! du bist's, mein braver Martin," sagte er. "Welcher gute Wind hat dich denn hergeführt? was steht zu deinen Diensten?"

"Lieber heiliger Petrus, du hast den Schlüssel und hältst das große Buch; könntest du mir wohl sagen, wenn ich nicht etwa zu neugierig bin, wie viel Cucugnaner ihr im Paradiese habt?"

"Ich wüßte nicht, warum ich dir das abschlagen sollte, lieber Martin; setze dich, wir wollen zusammen nachsehen."

Und der heilige Petrus nahm sein dickes Buch, schlug es auf und brachte seine Brille in Ordnung:

"Nun laß uns einmal sehen. Cucugnan, sagst du. Cu.... Cu.... Cucugnan. Da haben wir's. Cucugnan.... Mein lieber Martin, die Seite ist ganz leer. Nicht eine Seele.... Nicht mehr Cucugnaner, als Gräten in einer Truthenne."

"Wie? Niemand wäre hier von Cucugnan? Niemand? Das ist nicht möglich! Sieh noch einmal zu, heiliger Petrus."

"Niemand, Verehrtester. Sieh doch selbst nach, wenn du denkst, daß ich scherze."

Da stampfte ich mit den Füßen und flehte mit gefalteten Händen den Himmel um Erbarmen an. Drauf Sankt Peter:

"Glaube mir, lieber Martin, du mußt dir das nicht so zu Herzen nehmen, es konnte dich ja darüber der Schlag rühren. Du bist ja nicht daran schuld, das ist die Hauptsache. Deine Cucugnaner, siehst du, werden höchst wahrscheinlich eine kleine Quarantäne im Fegefeuer halten müssen."

"Ach um Gottes willen, großer heiliger Petrus! Hilf mir doch, daß ich sie wenigstens sehen und trösten kann."

"Gern, mein Freund . . . . Da, zieh schnell diese Sandalen an, denn die Wege sind nicht besonders gut . . . So, das ist gut . . . Nun gehe ganz gerade aus. Siehst du da unten, im Grunde, an der Ecke? Da wirst du eine silberne Thüre finden, mit schwarzen Kreuzen bedeckt . . . da, rechter Hand . . . . Dort klopfe an, man wird dir öffnen . . . . So, nun halte dich brav und sei fröhlich."

~

Und ich wanderte und wanderte! Was für eine Treibjagd! Mich überläuft eine Gänsehaut, wenn ich nur daran denke. Ein schmaler Fußpfad, voller Brombeersträuche, leuchtender Karfunkelsteine und zischender Schlangen führte mich bis an die silberne Thür.

"Poch, poch!"

"Wer klopft?" fragt eine rauhe, klagende Stimme.

"Der Pfarrer von Cucugnan."

"Von was?"

"Von Cucugnan."

"Ah so! . . . Tritt ein."

Ich trat ein. Ein großer, schöner Engel mit Flügeln so düster wie die Nacht, mit einem Kleide glänzend wie der Tag, mit einem diamantenen

Schlüssel am Gürtel schrieb eifrig in ein großes Buch, noch dicker, als das des heiligen Petrus . . . .

"Nun, was willst du? was verlangst du eigentlich?" sagte der Engel.

"Schöner Engel Gottes ich möchte wissen, wenn ich nicht etwa zu neugierig bin, ob hier die Cucugnaner sind?"

"Die wer?"

"Die Cucugnaner, die Leute von Cucugnan . . . ich bin nämlich ihr Pfarrer."

"Ah, der Abbé Martin, nicht wahr?"

"Zu dienen, Herr Engel."

~

"Du sagst also Cucugnan . . ."

Und der Engel öffnet sein Buch und blättert darin herum, indem er den Finger mit Speichel benetzt, damit die Blätter sich schneller umwenden lassen . . . .

"Cucugnan," sagt er, einen langen Seufzer ausstoßend . . . "Freund Martin, wir haben im Fegefeuer niemand von Cucugnan."

"Jesus, Maria, Joseph! Niemand von Cucugnan im Fegefeuer! Du großer Gott! wo sind sie denn?"

"Ei, würdiger Mann, sie sind im Paradiese. Zum Kuckuck! Wo willst du denn, daß sie sind?"

"Aber ich komme ja eben dorther, vom Paradiese . . ."

"Du kommst dorther? . . Nun also?"

"Ja, also! dort sind sie nicht! . . . Ach, gute Mutter der Engel! . . . ."

"Nun, was willst du, mein Herr Pfarrer? Wenn sie nicht im Paradiese sind, und auch nicht im Fegefeuer, da läßt sich leicht erraten, wo sie zu finden sind; sie sind . . . ."

"Heiliges Kreuz! Jesus, Davids Sohn! Ach, ach, ach! Ist es denn möglich? . . . Ach, wir Armen! Wie soll ich denn in das Paradies kommen, wenn meine Cucugnaner nicht darin sind?"

"Höre, mein armer Martin, weil du um jeden Preis Sicherheit haben und dich mit eignen Augen überzeugen willst, wie die Sache steht, so laufe auf diesem Fußweg vorwärts, aber laufe, wenn du laufen kannst. Linker Hand wirst du ein großes Portal finden. Da kannst du über alles genaue Erkundigungen einziehen. Gott helfe dir!"

Und damit schloß der Engel die Thür.

~

Es war ein langer Pfad, ganz gepflastert mit glühenden Kohlen. Ich wankte, als hätte ich getrunken; bei jedem Schritte strauchelte ich; ich war wie aus dem Wasser gezogen, an jedem Haare meiner Haut hing ein Tropfen Schweiß und ich keuchte vor Durst . . . Aber Dank den Sandalen, die mir der gute heilige Petrus geliehen hatte, verbrannte ich mir wenigstens nicht die Füße.

Als ich von einem Fuße auf den andern springend genug falsche Schritte zurückgelegt hatte, sah ich zu meiner Linken eine Thür . . . nein, ein Thor, ein gewaltiges Thor, welches mir wie die Thür eines großen Backofens entgegen gähnte. Ach, meine Kinder, welcher Anblick! Hier fragte man nicht nach meinem Namen; hier gab es kein Register. Hier tritt man unangemeldet ein, wie ihr Sonntags in die Schenke tretet.

Ich schwitzte dicke Tropfen und doch war ich erstarrt, ich fror. Meine Haare sträubten sich. Es roch nach verbranntem, nach geröstetem Fleisch, in meine Nase drang ein Geruch, wie jener, der sich in unserm Cucugnan verbreitet, wenn Eloy, der Hufschmied, den Huf eines alten Esels brennt, um ihn zu beschlagen. Ich verlor den Atem in dieser mit Brandgeruch erfüllten, stinkenden Luft; ich hörte ein entsetzliches Geschrei, Seufzer, Geheul und Flüche.

"Nun! kommst du herein oder nicht, du!" schreit mir ein gehörnter Dämon entgegen, indem er mit seiner großen Gabel nach mir sticht.

"Ich? Ich gehe nicht hinein. Ich bin ein Freund Gottes."

"Du bist ein Freund Gottes ... Na, du Lumpenhund! was willst du denn hier?"

"Ich komme ... Ach, ich kann mich nicht mehr auf den Beinen halten ... Ich komme von weit her ... und wollte gehorsamst anfragen ... ob ... ob sich zufällig ... vielleicht einer hier befindet ... einer von Cucugnan ...."

"Ach, Blitz und Hagel! Du stellst dich dumm, du. Als ob du nicht wüßtest, daß das ganze Cucugnan hier ist. Komm her, du häßlicher Rabe, blicke herein und du wirst sehen, wie wir sie hier verarbeiten, deine famosen Cucugnaner ...."

~

Und ich sah mitten in einem entsetzlichen Flammenwirbel:

Den langen Coq-Galline – ihr habt ihn alle gekannt meine Brüder – Coq-Galline, der sich so oft betrank und so oft seine arme Claivon mißhandelte.

Ich sah Catarinet .... den Nickel ... mit ihrer Stumpfnase ... die allein in der Scheuer schlief ... Ihr erinnert euch doch, ihr Schelme! ... Doch genug, ich habe schon zu viel gesagt.

Ich sah Pascal Doigt-de-Poix, der sein Öl aus Juliens Oliven preßte.

Ich sah Babet, die Ährenleserin, die beim Ährenlesen Händevoll aus den Garben stahl, um ihre Garbe rascher binden zu können. Ich sah Meister Grapasi, der das Rad seines Schiebekarrens so billig schmierte. Und Dauphine, die ihr Brunnenwasser so teuer verkaufte. Und Tortillard, der, wenn er mir mit der Monstranz begegnete, ruhig seines Weges weiter ging, die Mütze auf dem Schädel und die Pfeife im Schnabel, so stolz wie Artaban ... als wenn er einem Hunde begegnet wäre.

Und Coulau mit seiner Zette, und Jaques, und Pierre und Toni . . . . .

~

Erschüttert, bleich vor Furcht, seufzten die Zuhörer. In der offnen Hölle erblickte dieser seinen Vater, jener seine Mutter, ein andrer seinen Großvater, noch ein andrer seine Schwester . . .

"Ihr fühlt wohl, meine Brüder," fuhr der gute Abbé Martin fort, "ihr fühlt wohl, daß das so nicht weiter gehen kann. Eure Seelen sind mir anbefohlen und ich will, ich will euch vor dem Abgrunde schützen, in den ihr alle im Begriff seid, kopfüber zu stürzen. Morgen mache ich mich an die Arbeit, nicht später als morgen. Und an Arbeit wird es nicht fehlen! Ich werde euch sagen, wie ich dabei zu Werke gehen will. Was gut gehen soll, muß in gehöriger Reihenfolge vorgenommen werden. Wir wollen daher auch der Reihe nach gehen, wie man es in Jonquières beim Tanzen macht."

Morgen, Montag, werde ich die alten Männer und Frauen in die Beichte nehmen. Das wird nicht viel sein.

Dienstag, die Kinder. Das wird bald geschehen sein.

Mittwoch, die jungen Burschen und Mädchen. Das kann lange dauern.

Donnerstag, die Männer. Wir werden es kurz machen.

Freitag, die Weiber. Ich werde sagen: macht keine Geschichten!

Sonnabend, den Müller . . . Einen Tag für ihn ganz allein, das wird nicht zuviel sein . . . .

Und wenn wir am Sonntag fertig sind, werden wir sehr glücklich sein. Seht ihr, meine Kinder, wenn das Korn reif ist, muß man es schneiden; wenn der Wein abgezogen ist, muß man ihn trinken. Hier giebt es schmutzige Wäsche genug; die muß man waschen und gut waschen.

Die Gnade des Himmels sei mit euch, Amen!

~

Gesagt, gethan! Die Lauge wurde nicht geschont.

Seit diesem denkwürdigen Sonntage verbreiten die Tugenden von Cucugnan ihren Wohlgeruch auf zehn Stunden in die Runde. Und der gute Pastor Martin, glücklich und voller Jubel, hat gestern Nacht geträumt, daß er, gefolgt von seiner ganzen Herde, in glänzender Prozession inmitten brennender Kerzen, einer Wolke balsamisch duftenden Weihrauchs und eines Chors von Kindern, die das Tedeum sangen, den erleuchteten Weg emporstieg, der zur Stadt Gottes führt. Das ist die Geschichte des Pfarrers von Cucugnan. So hat mir der große Bettelmann von Roumanille aufgetragen sie euch zu erzählen und dieser hatte sie von einem andern guten Kameraden.

Die beiden Alten.

Ein Brief, Vater Azan?

"Ja, mein Herr . . . . er kommt aus Paris."

Er war ganz stolz, daß der Brief aus Paris kam . . . . ich nicht. Ein Vorgefühl sagte mir, daß dieser Pariser Brief aus der Straße Jean-Jacques, der so unerwartet und so früh am Morgen auf meinen Tisch gelegt worden war, mich den ganzen Tag kosten würde. Ich täuschte mich nicht. Er lautete:

"Du mußt mir einen Dienst leisten, alter Freund. Schließ deine Mühle auf einen Tag zu und begieb dich sofort nach Eyguières . . . . . Eyguières, der große Marktflecken, ist drei oder vier Stunden von deiner Mühle entfernt – ein Spazierweg für dich. Wenn du hinkommst, so frage nach dem Kloster der Waisenmädchen. Das erste Haus nach dem Kloster ist ein niedriges Haus mit grauen Läden, dahinter ein kleiner Garten. Geh ohne Anklopfen hinein – die Thüre ist nie verschlossen – und beim Eintreten rufe mit starker Stimme: ›Guten Tag, ihr braven Leute! Ich bin der Freund von Moritz . . .‹ Dann wirst du zwei kleine Alte sehen, ach! so alt, so alt! die dir aus ihren großen Lehnstühlen heraus die Arme entgegenstrecken und du wirst sie in meinem Namen umarmen, aber so herzlich, als wenn es deine eignen Angehörigen wären. Dann werdet ihr miteinander plaudern; sie werden dir von mir sprechen, immer nur von mir; sie werden dir tausend Possen erzählen und du wirst sie anhören ohne zu lachen ... Nicht wahr, du wirst nicht lachen, wie? ... Es sind meine Großeltern, zwei Wesen, die mich über alles lieben und die mich seit zehn Jahren nicht gesehen haben ... Zehn Jahre! das ist eine lange Zeit! Aber was willst du? Mich, mich hält Paris und sie das hohe Alter. Sie sind so alt; wollten sie mich besuchen, sie würden auf dem Wege zu Grunde gehen ... Glücklicherweise bist du da unten, lieber Müller, und wenn sie dich umarmen, so werden die guten Leute glauben, mich selbst ein wenig zu umarmen .... Ich habe ihnen so oft von dir erzählt und von unsrer Freundschaft, daß ...."

Zum Kuckuck mit der Freundschaft! Gerade heute morgen war so prächtiges Wetter, aber nicht um auf den Straßen herumzulaufen. Dazu wehte der Nordostwind zu scharf und die Sonne schien zu hell – ein wahrhaft provençalischer Tag. Als dieser dumme Brief ankam, hatte ich mir schon ein hübsches Plätzchen zwischen zwei Felsen ausgesucht und träumte davon, dort den ganzen Tag wie eine Eidechse zu bleiben, Licht zu trinken und die Fichten singen zu hören .... Aber was will man machen? Schimpfend schloß ich also meine Mühle und schob den Schlüssel unter die Thüre. Hut, Stock und Pfeife und fort ging es.

Gegen zwei Uhr kam ich in Eyguières an. Das Dorf war verlassen, alle Welt auf dem Felde. In den Ulmen am Bache, weiß vom Staube, sangen die Grillen in vollem Chore. Wohl sonnte sich auf dem Platze vor der Mairie ein Esel, um den Springbrunnen vor der Kirche flatterte ein Flug Tauben, aber nirgends war eine Person zu sehend die mir das Waisenhaus hätte zeigen können. Endlich erschien mir glücklicherweise eine alte Fee, die in dem Winkel ihrer Thüre niedergekauert saß und spann. Ihr sagte ich, was ich suchte; und da diese Fee sehr mächtig war, so brauchte sie nur den Spinnrocken zu erheben und sofort stand das Kloster der Waisenmädchen vor meinen Blicken wie durch Zauberei .... Es war ein großes Haus, einförmig und schwarz, ganz stolz auf das alte Kreuz von rotem Sandstein mit lateinischer Umschrift in dem Thürbogen. Neben diesem Hause sah ich ein andres, viel kleineres. Graue Läden, ein Gärtchen dahinter ... Sofort erkannte ich es und trat hinein ohne anzuklopfen.

Mein ganzes Leben lang werde ich den langen, frischen und stillen Korridor vor mir sehen. Die Wände rosa angestrichen, in den Füllungen verblaßte Blumen und Geigen, im Hintergrunde der kleine Garten, der durch Vorhänge von heller Farbe hereinlachte. Mir war es, als ob ich zu einem Amtmann der alten Zeit käme .... Am Ende des Ganges, linker Hand, ertönte durch eine halbgeöffnete Thür das Ticktack einer mächtigen Standuhr und die Stimme eines Kindes, aber eines Schulkindes, las, bei jeder Silbe innehaltend: dann – rief – der – hei – li – ge – I – re – nä – us – ich – bin – das – Korn – des – Herrn – Ich – soll – durch – die – Zäh – ne – die – ser – Tie – re – ge – mah – len – wer – den. Leise näherte ich mich der Thüre und sah hinein.

In der Stille und Dämmerung eines kleinen Zimmers schlief ein guter Alter mit rosigen Wangen, aber bis zu den Spitzen der Finger mit Runzeln bedeckt im Grunde eines Lehnstuhls mit offnem Munde, die Hände auf seinen Knieen. Zu seinen Füßen las ein kleines Mädchen, in blau gekleidet, – mit großem Halstuch und kleinen Händchen, der Kleidung der Waisenmädchen – das Leben des heiligen Irenäus vor aus einem Buche, das dicker war, als sie selbst .... Diese wunderbare Lektüre hatte ihre Wirkung auf das ganze Haus ausgeübt. Der Alte schlief in seinem Lehnstuhl, die Fliegen an der Decke, die Kanarienvögel in ihrem Käfig da unten auf dem Fenster. Die dicke Standuhr schnarchte ticktack, ticktack. Im ganzen Zimmer gab es nichts Lebendiges, als einen breiten Lichtstreifen, der gerade und weiß zwischen den zugezogenen Gardinen hereinfiel und in welchem mikroskopische Stäubchen als lebende Fünkchen herumtanzten. Mitten in dem allgemeinen Schlummer setzte das Kind mit wichtiger Miene seine Vorlesung fort: als – bald – stürz – ten – sich – zwei – Lö – wen – auf – ihn – und – ver – schlan – gen – ihn .... In diesem Augenblicke trat ich ein ... Wären die Löwen des heiligen Irenäus selbst in das Zimmer gestürzt, sie hätten keinen größeren Schrecken hervorbringen können. Ein wahrer Theatercoup! Die Kleine stößt einen Schrei aus, das dicke Buch fällt zur Erde, die Kanarienvögel, die Fliegen erwachen, die Standuhr schlägt, der Alte richtet sich ganz bestürzt auf und ich selbst bleibe ein wenig verwirrt auf der Schwelle stehen, indem ich recht laut rufe:

"Guten Tag, ihr braven Leute! Ich bin der Freund von Moritz."

O, da hättet ihr den armen Alten sehen sollen; da hättet ihr sehen sollen, wie er mit ausgestreckten Armen auf mich zu kam, mich umarmte, mir die Hände drückte, und im Zimmer umherlief, immer rufend:

"Mein Gott! mein Gott! . . . ."

Alle Falten seines Gesichts lachten. Er war rot. Er stammelte:

"Ach, mein Herr . . . ach, mein Herr! . . . ."

Dann ging er nach dem Hintergrunde und rief:

"Mamette!"

Eine Thür öffnet sich. Es trippelt wie ein Mäuschen auf dem Gange . . . . das war Mamette. Nichts anmutigeres, als diese kleine Alte in ihrem Häubchen, ihrem nonnenartigen Kleide, mit ihrem gestickten Taschentuche, das sie mir zu Ehren in der Hand trug, nach der alten Mode . . . . Und wie rührend! Sie sahen einander ganz ähnlich. In ihrem Anzuge hätte er sich auch Mamette nennen können Nur hatte die wirkliche Mamette in ihrem Leben wohl recht viel weinen müssen und hatte daher noch mehr Falten und Runzeln, als jener. Auch sie hatte ein kleines Waisenmädchen mit blauem Halstuche bei sich, die sie beständig begleitete und es war ein wahrhaft rührender Anblick, das greise Paar durch ein Paar kleine Waisenmädchen behütet zu sehen.

Beim Eintritt hatte Mamette angefangen mir eine große Verbeugung zu machen, aber der Alte schnitt die Verbeugung mitten entzwei mit den Worten:

"Es ist der Freund von Moritz . . ."

Sofort fängt sie an zu zittern, zu weinen, sie verliert ihr Taschentuch, wird rot, ganz rot, noch röter als er . . . Diese alten Leute! Sie haben nur einen einzigen Tropfen Blut in den Adern und doch tritt er ihnen bei der geringsten Aufregung in das Gesicht . . .

"Schnell, schnell, einen Stuhl," sagt die Alte zu ihrer Kleinen.

"Öffne die Fenster..." ruft der Alte der seinigen zu.

Und indem jedes eine meiner Hände erfaßt, führen sie mich trippelnd bis an das Fenster, das man so weit als möglich öffnet um mich besser zu sehen. Man zieht die Lehnstühle heran, ich setze mich zwischen die beiden auf einen Feldstuhl und das Verhör beginnt:

"Wie geht es ihm? Was macht er? Warum kommt er nicht? Ist er zufrieden?..."

Und so geht das Geplauder stundenlang fort.

So gut es mir möglich ist, beantworte ich alle ihre Fragen, indem ich über meinen Freund alles sage, was ich weiß, unverschämt erfinde, was ich nicht weiß und mich wohl hüte einzugestehen, daß ich niemals bemerkt habe, ob seine Fenster gut schließen oder nicht oder von welcher Farbe die Tapete in seinem Zimmer ist.

"Die Tapete in seinem Zimmer! – Die ist blau, Madame, hellblau mit Guirlanden...."

"Wirklich?" sagte die arme Alte gerührt und fügte, sich gegen ihren Gatten wendend hinzu: "er ist ein so braves Kind!"

"O ja! er ist ein braves Kind!" erwiderte der andre mit Begeisterung.

Und so lang ich sprach, nickten sie einander zu, lächelten sich an, zwinkerten mit den Augen und machten sich andre Zeichen des Einverständnisses oder der Alte beugte sich zu mir, um mir zu sagen:

"Reden Sie lauter... sie hört ein wenig schwer."

Und sie von der andern Seite:

"Ein wenig lauter, ich bitte Sie darum... Er hört nicht sehr gut...."

Dann erhebe ich meine Stimme und beide danken mir mit einem Lächeln; und in ihren lächelnden, verblühten Gesichtern, die sich gegen mich neigen und auf dem Grunde meiner Augen das Bild ihres Moritz suchen, finde ich mit Rührung dasselbe Bild wieder, unbestimmt, verschleiert, beinahe unfaßbar, als ob mein Freund aus weiter Ferne durch einen Nebel mir zulächelte.

~

Plötzlich fuhr der Alte in seinem Lehnstuhl empor: "Aber, woran ich denke, Mamette . . . vielleicht hat er nicht gefrühstückt!"

Und Mamette, entsetzt, streckt die Arme gen Himmel:

"Nicht gefrühstückt! . . . Großer Gott!"

Ich glaubte, daß es sich immer noch um Moritz handle und war im Begriff zu antworten, daß dieses brave Kind nie länger, als bis zwölf Uhr warte, um sich zu Tisch zu setzen. Aber nein, ich war es, von dem man sprach und was gab es für eine Aufregung, als ich gestand, daß ich noch nüchtern war:

"Schnell das Tischzeug, ihr kleinen Blauen! Den Tisch in die Mitte des Zimmers, das Tischtuch vom Sonntag, die Teller mit den Blumen! Und lachen wir nicht so viel, wenn's gefällig ist! und eilen wir uns! . . ."

Und wie eilten sie sich! Kaum die Zeit, die man braucht um drei Teller zu zerbrechen, und das Frühstück war aufgetragen.

"Ein gutes kleines Frühstück!" sagte Mamette, indem sie mich an den Tisch führte; "nur müssen Sie ganz allein speisen . . . Wir andern, wir haben bereits diesen Morgen gegessen."

Die armen Alten! Zu welcher Stunde man sie auch überrascht, stets haben sie schon am Morgen gegessen.

Das gute kleine Frühstück Mamettes bestand aus zwei Fingerhüten Milch, Datteln und einer Barquette, das ist etwas ähnliches wie ein Spritzkuchen, genug um sie und ihre Kanarienvögel wenigstens acht Tage lang zu ernähren . . . . Und dennoch wurde ich ganz allein mit allen diesen Lebensmitteln fertig . . . . Aber auch welcher Unwille rings um den Tisch herum! Wie die kleinen Blauen zischelten, indem sie sich mit den Ellbogen anstießen und wie die Kanarienvögel da unten auf dem Boden ihres Käfigs sich zu sagen schienen: "O! dieser Herr, der die ganze Barquette aufißt!"

In der That, ich aß sie ganz auf und fast ohne es zu merken, da ich damit beschäftigt war, mich rings um mich in diesem hellen, friedlichen Zimmer umzuschauen, über welchem gleichsam ein Duft aus längst vergangenen Zeiten schwebte.... Da standen namentlich zwei kleine Betten, von denen ich meine Blicke nicht losreißen konnte. Diese Betten, fast zwei Wiegen, stellte ich mir am frühen Morgen beim Tagesgrauen vor, wenn sie noch von ihren großen Franzenvorhängen umhüllt sind. Es schlägt drei Uhr. Das ist die Stunde, zu der alle alten Leute erwachen:

"Schläfst du, Mamette?"

"Nein, mein Freund."

"Nicht wahr, Moritz ist ein braves Kind?"

"Ach ja! es ist ein braves Kind."

Und so erdichtete ich mir eine ganze Plauderei, nur weil ich die beiden kleinen Betten der Alten, eins an der Seite des andern sah....

Während dieser Zeit spielte sich am andern Ende des Zimmers vor dem Schranke ein schreckliches Drama ab. Es handelte sich darum, da oben in der letzten Abteilung eine gewisse Büchse mit eingemachten Kirschen zu erreichen, die zehn Jahre lang auf Moritz gewartet hatte und die man mir zu Ehren öffnen wollte. Trotz der inständigen Bitten Mamettes war der Alte bei seinem Entschlusse geblieben, seine Kirschen selbst herunter zu holen. Zu diesem Zwecke war er zum Entsetzen seiner Frau auf einen Stuhl gestiegen und versuchte nun hinauf zu langen... Vergegenwärtigt euch das Bild: der Alte, welcher zitternd sich so hoch als möglich streckt, die kleinen Blauen sich an seinen Stuhl anklammernd, dahinter Mamette, atemlos die Arme ausstreckend und über dem allen ein leichter Duft von Bergamott, der aus dem offnen Schranke und aus den hohen Stößen roten Linnens ausströmte.... Es war reizend.

Endlich nach vielen Anstrengungen gelang es, die famose Büchse aus dem Schranke zu nehmen und mit ihr einen alten silbernen Becher voller

Beulen, den Becher, den Moritz benutzte, als er noch klein war. Man füllte ihn mir mit Kirschen bis zum Rande. Moritz liebte sie so sehr, die Kirschen! Und indem er sie mir reichte, sagte mir der Alte in das Ohr mit der Miene eines Feinschmeckers:

"Sie sind glücklich, Sie, daß Sie diese Kirschen essen können! – Meine Frau hat sie eingemacht . . . . Sie werden etwas Gutes zu kosten bekommen."

Ach, seine Frau hatte sie eingemacht, aber sie hatte vergessen sie zu zuckern. Aber freilich: wenn man alt wird, wird man zerstreut. Sie waren recht sauer, ihre Kirschen, arme Mamette . . . . Aber das hielt mich nicht ab, sie bis auf die letzte aufzuessen, ohne die Augenbrauen zu verziehen.

~

Nach beendigtem Mahle erhob ich mich, um von meinen Wirten Abschied zu nehmen. Sie hätten gern mich noch länger da behalten, um noch ein wenig mit mir von dem guten Kinde zu plaudern; aber es wurde Nacht, meine Mühle war weit, ich mußte aufbrechen.

Der Alte hatte sich mit mir zugleich erhoben.

"Mamette, meinen Rock! – Ich will ihn bis auf den Markt begleiten."

Sicher fühlte Mamette im Grunde ihres Herzens, daß es schon ein wenig zu kühl war, um mich nach dem Marktplatz zu begleiten; aber sie ließ sich nichts davon merken. Nur hörte ich, während sie ihm in die Ärmel seines Rocks half, das liebe Geschöpf leise zu ihm sagen:

"Du kommst doch nicht zu spät zurück, nicht wahr?"

Und er mit einer scherzhaft sarkastischen Miene:

"Hm! hm! .. ich weiß nicht . . . vielleicht . . ."

Darauf blickten sie sich lachend an, und die kleinen Blauen lachten darüber, daß sie jene lachen sahen und die Kanarienvögel in ihrer Ecke lachten ebenfalls auf ihre Weise . . . . Unter uns, ich glaube, daß der Duft der Kirschen – sie waren in Branntwein eingemacht – alle ein wenig benebelt hatte.

.... Es wurde Nacht, als wir fortgingen, der Großvater und ich. Die kleine Blaue folgte uns von fern, um ihn zurückzuführen; aber er sah sie nicht und er war ganz stolz darauf, an meinem Arm zu marschieren wie ein Mann. Mamette sah das strahlend von der Schwelle ihrer Hausthür und nickte uns nachblickend allerliebst mit dem Kopfe, als wollte sie sagen:

"Schau, schau! mein armer guter Mann!... er marschiert doch noch gut." –

Balladen in Prosa.

Als ich heute Morgen meine Thür öffnete, lag rings um meine Mühle herum ein großer Teppich von Reif ausgebreitet. Das Gras leuchtete und klirrte wie Glas; der ganze Hügel zitterte vor Kälte ... Für einen Tag hatte meine liebe Provence sich in das winterliche Gewand des Nordens verkleidet; und zwischen reifbedeckten Fichten, zwischen Büschen von Lavendel, die zu krystallenen Bouquets erblüht waren, schrieb ich diese zwei Balladen von germanischer Färbung, während der Reif um mich her im Sonnenstrahl erblitzte und oben am klaren Himmel, in Dreiecke geordnet, Scharen von Störchen aus Heinrich Heines Vaterlande heranzogen, um sich auf die Camargue niederzulassen unter dem Geschrei: "Hu, wie kalt .... wie kalt ... wie kalt."

I.
Des Dauphins Tod.

Der kleine Dauphin ist krank, der kleine Dauphin wird sterben .... Tag und Nacht ist in allen Kirchen des Königreichs das Allerheiligste ausgestellt und große Kerzen brennen, um die Genesung des königlichen Kindes zu erkaufen. Traurig und schweigend liegen die Straßen der alten Residenz, die Glocken erklingen nicht mehr, die Wagen gehen im Schritt .... An den Eingängen des Schlosses stehen neugierige Bürger und sehen durch die

Gitter auf die wohlgenährten Schweizer in goldglänzenden Uniformen, die in den Höfen mit wichtiger Miene plaudern.

Das ganze Schloß ist in Bewegung ... Kammerherren und Oberhofmeister steigen im Laufschritt die Marmortreppen auf und nieder ... In den Galerien drängen sich Pagen und Hofherren in seidenen Gewändern, die von einer Gruppe zur andern wandern, um mit gedämpfter Stimme nach den neuesten Mitteilungen zu fragen .... Auf den breiten Freitreppen machen in Thränen zerfließende Ehrendamen sich tiefe Referenzen und trocknen ihre Augen mit zierlich gestickten Taschentüchern.

In der Orangerie tagt eine zahlreiche Versammlung von Ärzten in ihren Amtskleidern. Man sieht sie durch die Fensterscheiben die langen schwarzen Ärmel eifrig hin und herbewegen und ihre Allongenperücken mit Doktormiene schütteln. Der Erzieher und der Stallmeister des kleinen Dauphin gehen vor der Thüre auf und ab, die Entscheidung der Fakultät erwartend. Küchenjungen gehen an ihnen vorüber, ohne zu grüßen. Der Herr Stallmeister flucht wie ein Heide, der Herr Erzieher recitirt Verse von Horaz .... Und während dessen ertönt von dort unten, von den Stallgebäuden her, ein langanhaltendes, klagendes Gewieher. Es ist der Rotfuchs des kleinen Dauphin, welchen die Stallknechte vergessen haben und welcher nun traurig vor seiner leeren Krippe jammert.

Und der König? Wo ist Seine Majestät der König? ... Der König hat sich ganz allein in ein Zimmer am Ende des Schlosses eingeschlossen .... Die Majestäten lieben es nicht, daß man sie weinen sieht ... Was die Königin anlangt, das ist allerdings etwas anderes ... Am Lager des kleinen Dauphin sitzt sie, das schöne Gesicht in Thränen gebadet und schluchzt so laut vor allen Leuten, wie es die Frau eines Tuchfabrikanten machen würde.

Auf seinem Spitzenbettchen ruht mit geschlossenen Augen der kleine Dauphin, weißer als die Kissen, auf denen er liegt. Man glaubt, daß er schläft; aber nein. Der kleine Dauphin schläft nicht ... Er wendet sich um nach seiner Mutter und als er sieht, daß sie weint, sagt er zu ihr:

"Frau Königin, warum weinen Sie? Glauben Sie wirklich, daß ich sterben werde?"

Die Königin will antworten. Im Schluchzen ersticken ihre Worte.

"So weinen Sie doch nicht, Frau Königin: Sie vergessen, daß ich der Dauphin bin und daß ein Dauphin nicht auf diese Weise sterben kann..."

Die Königin schluchzt noch heftiger und der kleine Dauphin fängt an sich zu fürchten.

"Holla!" sagt er, "ich will nicht, daß der Tod mich holt und ich will schon dafür sorgen, daß er nicht bis hierher kommt. Sofort lasse man vierzig sehr starke Landsknechte kommen, damit sie die Wache um unser Bett beziehen!.... Und hundert schwere Kanonen sollen Tag und Nacht mit brennender Lunte unter unseren Fenstern Wache halten! Und wehe dem Tode, wenn er wagt in unsere Nähe zu kommen!..."

Um dem königlichen Kinde zu Willen zu sein, giebt die Königin ein Zeichen. Alsbald hört man die schweren Kanonen in den Hof hereinrollen und vierzig große Landsknechte, die Partisane in der Faust, nehmen rings im Zimmer Aufstellung. Es sind alte Haudegen mit grauen Bärten. Bei ihrem Anblick klatscht der kleine Dauphin in die Hände. Er ernennt einen derselben und ruft ihn:

"Lothringer! Lothringer!"

Der alte Schnurrbart tritt einen Schritt vor nach dem Bette zu:

"Ich habe dich lieb, mein alter Lothringer... Komm, laß einmal deinen großen Säbel sehen.... Wenn der Tod kommt mich zu holen, mußt du ihn totmachen, willst du?"

Der Lothringer antwortet:

"Ja, Monseigneur...."

Und zwei große Thränen laufen an den rauhen Wangen nieder.

In diesem Augenblick nähert sich der Hofgeistliche dem kleinen Dauphin und spricht lange Zeit mit gedämpfter Stimme in ihn hinein, indem er ihm ein Kruzifix zeigt. Der kleine Dauphin hört ihn mit sehr verwunderter Miene an und unterbricht ihn mit den Worten:

"Ich verstehe ganz gut, was Sie mir da sagen, mein Herr Abbé; aber könnte denn nicht mein kleiner Freund Beppo an meiner Stelle sterben, wenn man ihm recht viel Geld gäbe?" Der Geistliche fährt fort mit gedämpfter Stimme zu ihm zu sprechen und der kleine Dauphin macht mehr und mehr ein verwundertes Gesicht. Endlich kommt der Geistliche zu Ende und der kleine Dauphin nimmt das Wort mit einem tiefen Seufzer:

"Alles, was Sie mir da sagen, mein Herr Abbé, ist recht traurig. Aber eines tröstet mich: auch da oben, in dem Paradies der Sterne, werde ich noch der Dauphin sein.... Ich weiß, daß der liebe Gott mein Vetter ist und daß er nicht verfehlen wird, mich nach meinem Rang zu behandeln." Dann fügt er, sich zu seiner Mutter wendend, hinzu:

"Man bringe mir meine schönsten Kleider, meinen Rock von weißem Hermelin und meine Sammetschuhe! Ich will mich für die Engel in Staat werfen und als Dauphin gekleidet in das Paradies treten."

Zum drittenmal neigt sich der Geistliche gegen den kleinen Dauphin herab und spricht lange zu ihm mit gedämpfter Stimme.... Mitten in seiner Rede unterbricht ihn zornig das königliche Kind:

"Aber dann," schreit er, "ist es ja nicht der Mühe wert, Dauphin zu sein!"

Und damit dreht sich der kleine Dauphin nach der Wand herum. Er mag nichts mehr hören und weint bitterlich.

II.
Der Unterpräfekt im Grünen.

Der Herr Unterpräfekt macht eine Geschäftsreise. Kutscher vorn, Bedienten hinten, so trägt ihn die Kalesche der Unterpräfektur majestätisch nach der landwirtschaftlichen Preisverteilung in Combe-aux-Fées. Zu der denkwürdigen Reise hat der Herr Unterpräfekt seinen schönen gestickten Frack angezogen, er trägt seinen kleinen Claquehut, seine anliegenden Beinkleider mit den Silberstreifen und seinen Galadegen mit dem Griff von Perlmutter.... Auf seinen Knieen ruht eine große Mappe von gepreßtem Chagrin, auf die er traurig herabblickt.

Der Herr Unterpräfekt blickt traurig auf seine Mappe von gepreßtem Chagrin herab; er denkt an die famose Rede, die er zur Stunde vor den Bewohnern von Combe-aux-Fées halten soll:

"Meine Herren! werte Angehörige meines Verwaltungsbezirks...."

Aber wie er auch die blonden Seidenhaare seines Backenbartes drehen mag, wenn er auch zwanzig mal hintereinander wiederholt:

"Meine Herren! werte Angehörige meines Verwaltungsbezirks...."

Was er sonst noch sagen wollte, will ihm nicht in das Gedächtnis zurückkommen.

Ja! Was er sonst noch sagen wollte, will ihm nicht in das Gedächtnis zurückkommen.... Es ist so heiß in dieser Kalesche!... In den Strahlen der Mittagssonne liegt die Straße nach Combe-aux-Fées ganz in Staub gehüllt... Die Luft ist förmlich glühend... und auf den jungen Ulmen am Rande des Weges, die ganz mit weißem Staube bedeckt sind, antworten sich Tausende von Grillen von Baum zu Baum... Plötzlich fährt der Herr Unterpräfekt empor. Da unten, am Fuße eines Hügels hat er ein Wäldchen grüner Eichen erblickt, das ihm zu winken scheint.

Das Wäldchen grüner Eichen scheint ihm zu winken:

"Kommen Sie doch hierher, mein Herr Unterpräfekt; um Ihre Rede zu studieren, werden Sie unter meinen Bäumen viel besser daran sein..."

Der Herr Unterpräfekt läßt sich das nicht zweimal sagen, er springt von der Kalesche herab und befiehlt seinen Leuten zu warten, er wolle in dem Wäldchen grüner Eichen seine Rede studieren.

In dem Wäldchen grüner Eichen giebt es Vögel, giebt es Veilchen, giebt es Quellen unter dem feinen Grase.... Sobald sie den Herrn Unterpräfekten mit seinen schönen Beinkleidern, mit seiner Mappe von gepreßtem Chagrin erblickten, erschraken die Vögel und hörten auf zu singen, die Quellen wagten nicht mehr zu murmeln und die Veilchen versteckten sich in dem Grase... Diese ganze kleine Welt da hat ja noch niemals einen Unterpräfekten gesehen und fragt sich mit leiser Stimme, wer wohl der schöne vornehme Herr sein möge, der da in silbernen Unaussprechlichen spazieren geht.

Mit leiser Stimme fragt man sich, wer wohl der schöne vornehme Herr sein möge, in silbernen Unaussprechlichen. Inzwischen setzt der Herr Unterpräfekt, entzückt von der Ruhe und von der Frische des Wäldchens, seinen Claquehut auf das Gras, nimmt die Frackschöße in die Höhe und läßt sich auf dem Moose am Fuße einer jungen Eiche nieder.

"Es ist ein Künstler!" sagt die Grasmücke.

"Bewahre," sagt der Dompfaff, "das ist kein Künstler, er hat ja silberne Hosen an; das ist vielmehr ein Prinz."

"Das ist vielmehr ein Prinz," sagt der Dompfaff.

"Weder ein Künstler, noch ein Prinz," fällt eine alte Nachtigall ein, die einmal einen ganzen Frühling lang in den Gärten der Unterpräfektur gesungen hat . . . "Ich weiß, wer es ist: es ist ein Unterpräfekt!"

Und das ganze Wäldchen flüstert:

"Es ist ein Unterpräfekt! Es ist ein Unterpräfekt!"

"Wie er kahl ist!" bemerkt eine Lerche mit großer Haube.

Die Veilchen fragen: "Ist er bös?"

"Ist er bös?" fragen die Veilchen.

Die alte Nachtigall antwortet: "Bewahre der Himmel!"

Und auf diese Versicherung hin fangen die Vögel wieder an zu singen, die Quellen zu murmeln, die Veilchen zu duften, als wenn der Herr gar nicht da wäre . . . Gefühllos inmitten dieses ergötzlichen Lärms ruft der Herr Unterpräfekt in seinem Herzen die Muse der landwirtschaftlichen Preisverteilungen an und beginnt, den Bleistift erhoben, mit pathetischer Stimme zu deklamieren:

"Meine Herren! werte Angehörige meines Verwaltungsbezirks . . . ."

"Meine Herren! werte Angehörige meines Verwaltungsbezirks," sagt der Unterpräfekt mit pathetischer Stimme . . . .

Schallendes Gelächter unterbricht ihn; er wendet sich um und sieht nichts, als einen Grünspecht, der oben auf seinem Claquehut sitzt und ihn lachend anblickt. Der Unterpräfekt zuckt die Schultern und will seine Rede fortsetzen; aber der Grünspecht unterbricht ihn zum zweitenmal und ruft ihm von ferne zu:

"Wozu nützt das?"

"Was! Wozu nützt das?" sagt der Unterpräfekt ganz rot vor Zorn, jagt das unverschämte Tier durch eine Bewegung weg und beginnt von neuem:

"Meine Herren! werte Angehörige meines Verwaltungsbezirks . . . ."

"Meine Herren! werte Angehörige meines Verwaltungsbezirks . . . ." hat der Herr Unterpräfekt von neuem begonnen.

Aber da haben die kleinen Veilchen sich auf der Spitze ihrer Stengel gegen ihn erhoben und sagen ihm mit sanfter Stimme:

"Herr Unterpräfekt, riechen Sie, wie wir duften?"

Und die Quellen machen ihm unter dem Moose eine himmlische Musik; und in den Zweigen über seinem Haupte singen ganze Scharen von Grillen ihre anmutigsten Lieder und das ganze Wäldchen hat sich verschworen, ihn am Einstudieren seiner Rede zu verhindern.

Ja, das ganze Wäldchen hat sich verschworen, ihn am Einstudieren seiner Rede zu verhindern . . . . Der Herr Unterpräfekt, trunken von dem Duft, berauscht von der Musik, versucht vergebens, der Verlockung zu widerstehen, die ihn reizt. Er legt sich in das Gras, klopft seinen stattlichen Frack auf und stammelt noch zwei oder dreimal:

"Meine Herren! werte Angehörige meines Verwaltungsbezirks . . . . meine Herren! werte Angehörige . . . . meine Herren! werte . . . ."

Dann schickt er die werten Angehörigen seines Verwaltungsbezirks zum Teufel und der Muse der landwirtschaftlichen Preisverteilungen bleibt nichts übrig, als trauernd ihr Haupt zu verhüllen.

Verhülle dein Haupt, o Muse der landwirtschaftlichen Preisverteilungen . . . Als nach Verlauf einer Stunde die Leute des Herrn Unterpräfekten in Sorge um ihren Herrn, in das Wäldchen eindrangen, da hatten sie einen Anblick, der sie vor Entsetzen zurückweichen ließ .... Der Herr Unterpräfekt lag auf dem Bauche im Grase, Hals und Brust entblößt wie ein Zigeuner. Er hatte seinen Rock ausgezogen ... und der Herr Unterpräfekt kaute Veilchen und machte Verse.

Die Brieftasche Bixious.

An einem schönen Oktobermorgen, einige Tage vor meiner Abreise von Paris trat, während ich frühstückte, ein alter Mann in abgetragener und kotiger Kleidung bei mir ein, gebeugt und auf seinen langen Beinen vor Frost zitternd, wie ein gerupfter Storch. Das war Bixiou. Ja, Pariser, euer Bixiou, der grimmige und bezaubernde Bixiou, der tolle Spottvogel, der euch fünfzehn Jahre lang mit seinen Pamphlets und Karikaturen so oft ergötzt hat. Ach, der Unglückliche, wie traurig! Ohne eine Grimasse, die er beim Eintreten schnitt, hätte ich ihn nie wieder erkannt.

Den Kopf gegen die Schulter gebeugt, den Stock an den Lippen wie eine Klarinette, kam der berühmte Spaßvogel bis in die Mitte des Zimmers, warf fast meinen Tisch um und sagte mit kläglicher Stimme:

"Haben Sie Mitleid mit einem armen Blinden! ..."

Das schien so natürlich nachgemacht, daß ich mich des Lachens nicht enthalten konnte. Aber er, sehr kalt:

"Sie glauben, daß ich scherze ... Betrachten Sie meine Augen."

Und er richtete zwei große lichtlose Augäpfel auf mich.

"Ich bin blind, mein Lieber, unheilbar blind .... So geht es, wenn man mit Vitriol schreibt. Ich habe mir bei dem hübschen Geschäft die Augen verbrannt; sehen Sie, das Licht ist weg und die Dille ist verdorben!" setzte er hinzu, indem er auf seine Augenlider zeigte, wo keine Spur der Wimpern mehr zu sehen war.

Ich war so bewegt, daß ich ihm nichts darauf zu erwidern fand. Mein Schweigen beunruhigte ihn:

"Sie arbeiten?"

"Nein, Bixiou, ich frühstücke. Wollen Sie mir Gesellschaft leisten?"

Er antwortete nicht, aber an dem Zittern seiner Nasenflügel sah ich wohl, daß er um sein Leben gern die Einladung angenommen hätte. Ich nahm ihn bei der Hand und ließ ihn an meiner Seite niedersitzen.

Während man ihm ein Gedeck besorgte, sog der arme Teufel den Duft der Speisen mit lächelnder Miene in seine Nase ein:

"Das riecht gut. Da werde ich mir etwas zu gute thun; es ist so lange her, daß ich nicht mehr frühstücke! Ein Dreierbrot alle Morgen, wenn ich von einem Ministerium zum andern laufe . . . Sie müssen nämlich wissen, daß ich wirklich von einem Ministerium zum andern laufe, es ist das meine einzige Beschäftigung . . Ich versuche nämlich ein Tabaksbureau zu erhaschen . . . Was wollen Sie? Man muß doch etwas zu essen haben. Ich kann nicht mehr zeichnen, ich kann nicht mehr schreiben . . . . Diktieren? . . . Ja, was? . . . Ich habe nichts im Kopfe, ich kann nichts erfinden. Sonst betrachtete ich mir die Grimassen von Paris, ich zeichnete sie und schrieb darüber. Das war mein Geschäft; nun ist es damit vorbei . . . . Da habe ich an ein Tabaksbureau gedacht, wohl verstanden: nicht auf den Boulevards. Ich kann auf diese Gunst keinen Anspruch machen, bin ich doch weder die Mutter einer Tänzerin, noch die Witwe eines höheren Offiziers. Nein! einfach ein kleines Provinzialbureau, recht weit von hier, in irgend einem Winkel der Vogesen. Da schaffe ich mir eine mächtige Porzellanpfeife an, nenne mich Hans oder Zebedäus, wie in Erckmann-Chatrian und tröste mich darüber, daß ich nicht mehr schreiben kann, indem ich aus den Werken meiner Zeitgenossen Tabaksdüten drehe."

"Das ist alles, was ich verlange. Keine große Sache, nicht wahr? . . . . Und doch ist es teufelmäßig schwer, das zu erreichen . . . . Gleichwohl sollte es mir eigentlich an Protektionen nicht fehlen. Ich war ja sonst so gesucht. Bald war ich bei einem Marschall zur Tafel, bald bei einem Prinzen, bald bei einem Minister; alle diese Herren wollten mich haben, weil ich sie amüsierte oder weil sie Furcht vor mir hatten. Jetzt hat niemand mehr Furcht vor mir. Ach, meine Augen! meine armen Augen! . . . Und niemand ladet mich mehr ein. Es ist ja so traurig, den Kopf eines Blinden am Tische zu haben . . . . Geben Sie mir das Brot, ich bitte . . . . Ach, diese Banditen! Ich muß ihnen dieses unglückselige Tabaksbureau teuer genug bezahlen. Seit sechs Monaten wandre ich mit meiner Petition von Ministerium zu Ministerium. Früh komme ich an, wenn man Feuer in den Ofen anzündet oder wenn man die Pferde Seiner Excellenz einen Spaziergang um den mit feinem Sande bestreuten Hof machen läßt; und abends geh ich erst, wenn man die großen Lampen bringt und wenn es aus den Küchen nach allerhand Guten zu duften anfängt."

"Mein ganzes Leben verbringe ich auf den Kisten der Vorzimmer, die das Feuerholz bergen. Die Thürsteher kennen mich auch recht gut. Wenn sie von mir sprechen, so heißt es: "der gute Kerl!" Und ich mache Witze, um ihre Protektion zu gewinnen oder ich zeichne auf einer Ecke ihres Tisches mit einem Zuge einen großen Schnurrbart, was sie zu lachen macht . . . . Dahin bin ich gekommen nach zwanzig Jahren des Erfolgs, des lärmenden Erfolgs, das ist das Ende eines Künstlerlebens! . . . Und nun zu denken, daß es in Frankreich vierzigtausend dumme Jungen giebt, denen unser Gewerbe das Wasser im Munde zusammenlaufen läßt! Zu denken, daß draußen in den Departements jeden Tag eine Lokomotive geheizt werden muß, um uns Körbe voll von Einfaltspinseln zu bringen, die sich heißhungrig in die Litteratur stürzen und gedruckten Spektakel machen wollen! . . . Arme Provinz mit deinen romantischen Ideen! Könnte doch Bixious Elend dir zur Warnung dienen!"

Darauf barg er die Nase in seinem Teller und fing gierig an zu essen, ohne ein Wort zu sagen . . . Es war ein Jammer, dem armen Menschen zuzusehen. Jede Minute verlor er sein Brot, seine Gabel, tastete er umher, um sein Glas zu finden . . . . Armer Mann! er war noch nicht daran gewöhnt.

~

Nach kurzer Zeit nahm er wieder das Wort:

"Wissen Sie, was mir noch schrecklicher ist? Das ist, daß ich meine Tagesblätter nicht mehr lesen kann. Man muß vom Handwerk sein, um das zu verstehen.... Manchmal abends beim Nachhausegehen kaufe ich eins, nur um diesen Geruch nach feuchtem Papier und frischen Novellen zu genießen... Das ist so schön! Und niemand zu haben, der sie mir vorliest! Meine Frau könnte es wohl, aber sie will nicht; sie behauptet, es gäbe da immer unter den vermischten Nachrichten Dinge, die sich nicht schickten!... Ach! diese alten Maitressen! Wenn sie einmal verheiratet sind, giebt es keine größeren Zierpuppen, als sie. Seit ich sie zur Madame Bixiou gemacht habe, hat sie sich für verpflichtet gehalten, eine Betschwester zu werden und was für eine! Wollte sie mich doch veranlassen, meine Augen mit Wasser von la Salette einzureiben!.. Und dann: geweihtes Brot, Almosen sammeln, kleine Chinesen und, weiß Gott was noch!... Wir sind in den ›guten Werken‹ bis an den Hals.... Und doch wäre es ein gutes Werk, mir meine Zeitungen vorzulesen. Aber nein, sie will nicht.... Wenn meine Tochter bei uns wäre, die würde sie mir vorlesen; aber nachdem ich blind geworden war, habe ich sie in Notre-Dame-des-Arts eintreten lassen, um das Futter für einen Mund zu ersparen."

"Ja, ja, das ist auch eine, an der ich meine Freude haben kann! Es ist noch nicht neun Jahre her, daß sie das Licht der Welt erblickt hat, und schon hat sie alle Krankheiten gehabt... Und traurig! und häßlich! häßlicher als ich, wenn es möglich ist.... ein Ungeheuer!... Was wollen Sie? Ich habe nie etwas anderes zu machen verstanden, als Karikaturen.... Aber, mein Gott, was ich gut bin, Ihnen meine Familiengeschichten zu erzählen! Was kann das alles für Sie für ein Interesse haben?... Kommen Sie! Geben Sie mir noch ein wenig von diesem Branntwein. Ich muß mich auf den Weg machen. Von hier gehe ich auf das Standesamt. Da sind die Thürsteher nicht leicht in gute Laune zu versetzen. Es sind alles alte Professoren."

Ich schenkte ihm seinen Branntwein ein. Er trank ihn in kleinen Schlückchen mit ganz gerührter Miene aus .... Plötzlich schien ihn ein neuer Gedanke zu ergreifen. Er erhob sich, sein Glas in der Hand, bewegte einen Augenblick seinen Kopf nach allen Richtungen wie eine blinde Viper, aber mit dem liebenswürdigen Lächeln eines Mannes, der eine Rede halten will und brach dann mit gellender Stimme, als ob er eine Tischgesellschaft von zweihundert Gedecken haranguieren wollte, in die Worte aus:

"Es gilt den Künsten! Den Wissenschaften! Der Presse!"

Und nun begann ein zehn Minuten langer Toast, die tollste und wunderbarste Improvisation, die jemals von diesem Gehirn zu Tage befördert wurde.

Denkt euch eine Revue des Jahres: unsere sogenannten litterarischen Versammlungen, unsere Streitigkeiten, alle spaßhaften Ereignisse einer excentrischen Welt, den Kehricht der Schriftstellerei, die kleinliche Hölle, in der man sich abschlachtet und ausweidet, in der man mehr von seinen Interessen spricht, als in bürgerlichen Kreisen, was nicht hindert, daß man dort eher Hungers stirbt, als anderwärts; alle unsre Feigheit; all unser Elend; dann die im Laufe des Jahres Gestorbenen; die feierlichen Beerdigungen; die Trauerrede des Herrn Abgeordneten, die stets anhebt: "Teurer und Vielbetrauerter!" ferner die Selbstmorde und die verrückt gewordenen; denkt euch das alles erzählt, bis in das Einzelnste zergliedert und mit den nötigen Handbewegungen begleitet durch einen geistreichen Grimassenschneider und ihr habt dann eine Vorstellung von der Improvisation Bixious.

~

Als der Toast beendigt, das Glas geleert war, fragte er, welche Zeit es sei und ging mit wilder Miene fort, ohne mich eines Grußes zu würdigen .... Ich weiß nicht, wie die Thürsteher des Herrn Duruy seinen Besuch heute Morgen aufnahmen; aber das weiß ich, daß ich mich niemals in meinem Leben so traurig, so wenig zur Arbeit aufgelegt gefühlt habe, als nach dem

Weggange des entsetzlichen Blinden. Mit Schauder sah ich auf meine Feder, auf mein Tintenfaß. Am liebsten wäre ich fortgelaufen, weit fortgelaufen, um Bäume zu sehen, irgend etwas Gutes wahrzunehmen . . . Welcher Haß, großer Gott! welche Galle! Welche Sucht, alles zu begeifern, zu beschmutzen! O, der Elende! . . .

Wütend durchmaß ich mein Zimmer; immer noch glaubte ich den verächtlichen Hohn zu hören, mit dem er von seiner Tochter gesprochen hatte.

Plötzlich fühlte ich in der Nähe des Stuhles, auf welchem der Blinde gesessen hatte, sich etwas unter meinen Füßen fortbewegen. Als ich mich danach bückte, erkannte ich seine Brieftasche, eine dicke Brieftasche mit zerbrochenen Ecken, die ihn niemals verläßt und die er lachend seine Gifttasche nennt. Diese Tasche war in unseren Kreisen ebenso berühmt, wie die famosen Kartons des Herrn von Girardin. Man sagte, daß darin schreckliche Dinge enthalten seien . . . . Hier bot sich nur eine günstige Gelegenheit mich davon zu überzeugen. Die alte, übervolle Brieftasche war im Fallen aufgegangen und alle Papiere lagen zerstreut auf dem Teppich; ich mußte sie eins nach dem andern auflesen.

Ein Paket Briefe, auf Papier mit Blumen geschrieben, führte auf allen die Überschrift: "Mein lieber Vater," und die Unterschrift: "Céline Bixiou von den Kindern Marias."

Dann Rezepte gegen Kinderkrankheiten: Krupp, Krämpfe, Scharlach, Blattern (das arme Kind war von keiner verschont geblieben!).

Endlich ein großer versiegelter Umschlag, aus dem, wie aus einem Kinderhäubchen zwei oder drei Strähne gelben, gekräuselten Haares herausblickten, und auf dem Umschlage in großer, zitteriger Schrift, in der Schrift eines Blinden:

"Haare von Céline, abgeschnitten am 13. Mai, dem Tage ihres Eintritts in diese Welt."

Das war der Inhalt von Bixious Brieftasche.

O, Pariser, ihr seid einer, wie der andre. Ekel, Spott, teuflisches Gelächter, wilde Aufschneidereien, und dann zum Schlusse...

Haare von Céline, abgeschnitten am 13. Mai.

Die Legende vom Manne mit dem goldnen Gehirn.
An die Dame, die heitere Geschichten zu lesen wünscht.

Als ich Ihren Brief las, Madame, habe ich einigermaßen Gewissensbisse gefühlt. Ich war mir selbst ein wenig böse wegen der Färbung meiner kleinen Geschichten, die etwas zu viel nach Halbtrauer aussehen, und ich versprach mir, Ihnen heute etwas heiteres, etwas tolllustiges darzubieten.

Warum sollte ich überhaupt traurig sein? Ich lebe tausend Stunden weit entfernt von den Pariser Nebeln auf einem Hügel voller Licht, in dem Lande der Tamburins und des Muskatweins. Um meine Wohnung herum ist alles Sonne und Musik; ich habe Orchester von Bekassinen und Meisen, des Morgens lassen die Brachvögel ihr "kurli, kurli!" erschallen, des Mittags zirpen die Grillen; dann blasen die Hirten ihre Querpfeifen und in den Weingärten erschallt das Gelächter der hübschen braunen Mädchen.... Wahrhaftig, der Ort ist schlecht gewählt, um düstere Farben auf die Palette zu bringen; ich sollte vielmehr den Damen nur rosenfarbene Gedichte und Körbe voll galanter Erzählungen liefern.

Doch nein! ich bin noch viel zu nahe bei Paris; alle Tage schickt es mir Abfälle seiner Trübsal bis in meine Tannen... Jetzt eben, wo ich diese Zeilen niederschreibe, erfahre ich den elenden Tod des armen Charles Barbara und meine Mühle ist darüber ganz in Trauer. Gott befohlen, ihr Meisen, ihr Grillen! Ich habe nicht mehr das Herz lustig zu sein... Und das ist der Grund, Madame, warum Sie statt einer hübschen heiteren Geschichte, die ich mir vorgenommen hatte Ihnen zu erzählen, auch heute nur eine melancholische Legende zu lesen bekommen.

~

Es war einmal ein Mann, der hatte ein Gehirn von Gold; ja, Madame, ein Gehirn von purem Gold. Als er zur Welt kam, glaubten die Arzte, das

Kind werde nicht leben bleiben; sein Kopf war zu schwer, sein Schädel zu groß. Dennoch blieb es am Leben und wuchs in der Sonne empor wie ein hübscher Olivensetzling; nur zog sein schwerer Kopf es immer nieder und es war ein Jammer zu sehen, wie es sich beim Gehen an allen Möbeln anklammerte.... Gar oft fiel es. Eines Tags rollte es eine Treppe herab und fiel mit der Stirn gegen eine Marmorstufe. Dabei gab sein Schädel einen Klang von sich wie ein Barren Metall. Man hielt es für tot; allein, als man es aufhob, fand man an ihm nur eine leichte Wunde und zwei oder drei Tröpfchen Gold, die an seinen blonden Haaren klebten. Auf diese Weise erfuhren die Eltern, daß das Kind ein goldenes Gehirn besaß.

Die Sache wurde geheim gehalten; der arme Kleine selbst hatte keine Ahnung davon. Von Zeit zu Zeit fragte er, warum man ihn nicht mehr mit den Straßenbuben vor der Thüre herumlaufen ließ.

"Man würde dich stehlen, süßer Schatz." antwortete ihm die Mutter.

Da bekam der Kleine große Angst gestohlen zu werden und spielte fortan, ohne ein Wort zu sagen, ganz für sich allein, indem er sich schwerfällig von einem Saale zum andern hinschleppte....

Erst mit achtzehn Jahren teilten ihm seine Eltern mit, welches außerordentliche Geschenk ihm vom Schicksal zu teil geworden war; und da sie ihn bis dahin ernährt und erzogen hatten, so verlangten sie von ihm als Gegengabe ein wenig von seinem Golde. Der Junge zögerte nicht; sofort riß er – wie? und durch welche Mittel? sagt die Legende nicht – von seinem Gehirn ein Stück gediegenes Gold ab, ein Stück etwa so groß wie eine Haselnuß, und warf es stolz seiner Mutter in den Schoß.... Ganz geblendet von dem Reichtum, den er im Kopfe trug, toll vor Wünschen, trunken von seiner Macht verließ er dann das väterliche Haus und zog in die Welt hinaus, indem er seinen Schatz vergeudete.

~

Er führte ein wahrhaft königliches Leben und streute das Gold, ohne es zu zählen, nach allen Seiten aus. Man hätte glauben sollen, sein Gehirn sei unerschöpflich... Indessen nahm es wirklich ab und in dem Maße, wie es abnahm, sah man seine Augen erlöschen, seine Wangen hohler werden. Eines Tages endlich, am Morgen nach einer toll durchlebten Nacht, allein zwischen den Überresten des Gelags und den erblassenden Kerzen der Kronleuchter, erschrak der Unglückliche über die gewaltige Lücke, die schon in seinem Goldhirn klaffte; es war hohe Zeit einzuhalten.

Von da an begann ein neues Leben. Der Mann mit dem Goldhirn zog sich zurück, lebte von seiner Hände Arbeit, argwöhnisch und furchtsam wie ein Geizhals, mied sorgfältig jede Versuchung und suchte selbst die verhängnisvollen Schätze zu vergessen, die er nicht mehr anzugreifen gesonnen war.... Unglücklicherweise war ihm ein Freund in die Einsamkeit gefolgt und dieser Freund kannte sein Geheimnis.

Eines nachts wurde der arme Mann plötzlich aus seinem Schlafe gerissen durch einen Schmerz in seinem Kopfe, einen ganz entsetzlichen Schmerz. Bestürzt richtete er sich auf und sah beim Scheine des Mondes seinen Freund, welcher floh und dabei etwas unter seinem Mantel verbarg....

Es war wieder ein Stück von seinem Gehirn, das man ihm entführte!...

Einige Zeit später verliebte sich der Mann mit dem Goldhirn und nun war alles aus.... Er liebte von ganzem Herzen eine kleine blonde Frau und diese liebte ihn wieder, aber noch mehr liebte sie Spitzen, weiße Straußfedern und goldne Eicheln an den Stiefelchen.

Unter den Händen dieses zierlichen Geschöpfchens – halb Vogel, halb Puppe – schmolzen die Goldstücke, daß es eine wahre Lust war. Sie hatte alle möglichen launenhaften Wünsche; und er wagte nie, "nein" zu sagen; ja, aus Furcht ihr Sorge zu machen, verschwieg er ihr bis zuletzt das traurige Geheimnis seines Schicksals.

"Wir sind also sehr reich?" fragte sie.

Der arme Mann antwortete:

"Gewiß!... sehr reich!"

Und er lächelte liebevoll dem kleinen blauen Vogel zu, der in aller Unschuld sein Gehirn aufzehrte. Zuweilen freilich ergriff ihn die Furcht, er spürte große Lust geizig zu werden; aber dann kam die kleine Frau hüpfend zu ihm heran und sagte:

"Lieber Mann, du bist so reich! kaufe mir doch etwas recht teures!..."

Und er kaufte ihr etwas recht teures.

Das dauerte so zwei Jahre lang; da starb eines Morgens die kleine Frau, ohne daß man wußte warum, wie ein Vogel.... Der Schatz ging auf die Neige – mit dem, was ihm verblieben war, richtete der Witwer seiner geliebten Toten ein schönes Begräbnis aus. Volles Glockengeläute, schwarz drapierte Kutschen, schwarz behangene Pferde, silberne Thränen in den Behängen, nichts schien ihm zu schön. Was machte er sich jetzt aus seinem Golde?... Er gab davon der Kirche, den Trägern, den Imortellenverkäuferinnen; er gab davon nach allen Seiten, ohne zu handeln... Als er den Friedhof verließ, blieb ihm fast nichts von seinem wunderbaren Gehirn übrig; kaum daß noch ein paar kleine Stückchen an den Wänden seiner Schädeldecke hafteten.

Dann sah man ihn mit verstörtem Gesichte durch die Straßen gehen, die Hände nach vorn, stolpernd wie ein trunkener Mensch. Abends, als man in den Bazars die Flammen angezündet hatte, blieb er vor einer mächtigen Glasscheibe stehen, hinter welcher Stoffe und Putzartikel aller Art ausgebreitet waren, und betrachtete lange ein paar Stiefelchen von blauem Atlas, mit Schwanenpelz eingefaßt. "Ich weiß jemand, dem diese Stiefelchen Vergnügen machen würden," sagte er lächelnd zu sich und ging hinein, um sie zu kaufen. Er hatte bereits vergessen, daß seine kleine Frau gestorben war.

In ihrem Hinterzimmer horte die Verkäuferin einen lauten Schrei; sie eilte in den Laden, prallte aber entsetzt zurück, als sie einen Mann erblickte, der sich an den Ladentisch lehnte und sie mit blödem, aber schmerzerfülltem Blicke ansah. In der einen Hand hielt er die blauen, mit Schwanenpelz besetzten Stiefelchen, die andere, ganz blutige, streckte er ihr entgegen. Die Enden der Nägel trugen den Preis der Stiefelchen, den Rest des Goldhirns, den er mit ihnen von der Schädeldecke abgekratzt hatte.

Das, Madame, ist die Legende von dem Manne mit dem goldnen Gehirne.

~

Trotz ihres phantastischen Aussehens ist übrigens diese Legende wahr vom Anfang bis zum Ende ... Es giebt auf der ganzen Welt arme Leute, die dazu verdammt sind, von ihrem Gehirne zu leben und die in gutem, feinen Golde, mit ihrem Mark, mit ihrem Gehirn auch die geringsten Bedürfnisse des Lebens erkaufen müssen. Das ist ein Schmerz, der sich jeden Tag erneuert und dann, wenn sie der Schmerzen müde sind ....

Der Dichter Mistral.

Als ich letzten Sonntag erwachte, glaubte ich mich in eine Straße des Faubourg Montmartre versetzt. Es regnete, der Himmel war grau, die Mühle traurig. Ich bekam ordentliche Angst davor, diesen kalten Regentag bei mir zu Hause zu verbringen und infolgedessen erfaßte mich die Lust, mich ein wenig bei Frédéric Mistral zu erwärmen, diesem großen Dichter, der drei Stunden weit von meinen Fichten in seinem Dörfchen Maillane wohnt.

Gedacht, gethan! Einen Stock von Myrtenholz, meinen Montaigne, eine Decke und – fort ging es!

Niemand auf den Feldern – unsere schöne katholische Provence läßt die Erde Sonntags hübsch ausruhen .... Die Hunde allein in den Gehöften, die Thüren verschlossen ... In großen Zwischenräumen der Wagen eines Kärrners mit triefender Plane; eine alte, in ihren düstern Mantel eingehüllte Frau; Maultiere in Gala mit Decken von blau und weißem Flechtwerk, roten Quasten, silbernen Schellen, in kurzem Trabe einen ganzen Wagen von Leuten aus dem Meierhofe zur Messe tragend; dann da unten, aus dem Nebel herausschimmernd, eine Barke auf dem Flusse und aufrecht darauf ein Fischer, der sein Netz auswirft ....

Es war an diesem Tage unmöglich zu lesen. Der Regen floß in Strömen und der Nordwind trieb ihn mir eimerweis in das Gesicht ... Ich machte daher den Weg in einem Atem und bemerkte endlich, nachdem ich drei Stunden marschiert war, vor mir die kleinen Cypressenwäldchen, in deren Mitte das Dorf Maillane sich aus Furcht vor dem Winde versteckt.

Nicht eine Katze in den Straßen des Dorfs, alle Welt war in der großen Messe. Als ich vor der Kirche vorüberging, ertönten die Posaunen und die Kerzen strahlten ihr Licht durch die farbigen Fenster.

Die Wohnung des Dichters liegt am äußersten Ende des Orts; es ist das letzte Haus linker Hand auf der Straße von Saint-Remy – ein Häuschen von einem Stock mit einem Vorgarten ... Ich trete leise ein ... Niemand! Die Thüre des Salons ist verschlossen, allein hinter ihr höre ich jemand gehen und mit lauter Stimme sprechen.... Der Schritt und die Stimme sind mir wohlbekannt.... Einen Augenblick bleibe ich in dem kleinen, auf Kalk gemalten Gange stehen, die Hand auf dem Thürdrücker. Das Herz schlägt mir. – Er ist da, er arbeitet.... Soll ich warten, bis er die Strophe fertig hat? ... Nein, meiner Treu! treten wir ein.

~

Ach, Pariser, als der Dichter von Maillane zu euch gekommen war, um euch Paris in seinen Dichtungen zu zeigen, als ihr diesen Chactas im Stadtkleide in euren Salons sahet, mit steifem Halskragen und großem Hute, der ihn ebenso in Verlegenheit setzte, wie sein Ruhm; da habt ihr geglaubt, das sei Mistral.... Nein, das war er nicht. Es giebt nur einen Mistral in der Welt, das ist der, den ich am letzten Sonntage in seinem Dorfe überraschte, die Filzkappe auf dem Ohre, ohne Weste, im Wams, umgürtet mit seiner roten katalonischen Binde, mit flammendem Auge, das Feuer der Begeisterung auf den Wangen, stolzer Haltung, aber freundlich lächelnd, schön wie ein griechischer Hirt, mit großen Schritten, die Hände in den Taschen auf und ab schreitend und Verse machend....

"Wie! du bist es?" rief Mistral, indem er mich umarmte, "das ist vortrefflich, daß du mich besuchst.... Gerade heute feiern wir das Fest von

Maillane. Wir haben die Musik von Avignon, wir haben Stiere, wir haben die Prozession, dann Farandole, das wird prächtig . . . . So wie meine Mutter von der Messe zurückkehrt, frühstücken wir und dann fort! Dann wollen wir hübsche Mädchen tanzen sehen . . . ."

Während er sprach, sah ich mich bewegt in dem kleinen, hell tapezierten Salon um, den ich so lange Zeit nicht gesehen und wo ich schon so schöne Stunden verlebt hatte. Nichts war verändert. Immer noch das gelbkarierte Kanapee, die beiden Lehnstühle von Stroh, die Venus ohne Arme und die Venus von Arles auf dem Kamin, das Porträt des Dichters von Hébert, seine Photographie von Etienne Carjat und in einem Winkel in der Nähe des Fensters das Schreibpult – ein armes kleines Steuereinnehmer-Schreibpult – ganz bedeckt mit alten Scharteken und Wörterbüchern. Mitten auf diesem Schreibpulte bemerkte ich ein aufgeschlagenes dickes Heft. Das war Calendal, die neue Dichtung von Frédéric Mistral, welche am Schlusse dieses Jahres, am Weihnachtstage erscheinen soll. An dieser Dichtung arbeitet Mistral seit sieben Jahren und seit beinahe sechs Monaten hat er den letzten Vers derselben geschrieben; allein noch wagt er nicht, sich von ihr zu trennen. Da ist immer noch eine Strophe zu feilen, ein wohlklingenderer Reim zu finden . . . . Schreibt er auch in Provençalisch, so arbeitet Mistral doch seine Verse so sorgfältig durch, als ob alle Welt sie in dieser Sprache lesen sollte und als ob er jedermann Rechenschaft über seine Bemühungen zu geben habe . . . . O, der gewissenhafte Dichter! Von ihm hätte Montaigne wohl sagen können: "Erinnere dich an den, der, als man ihn fragte, warum er sich so viele Mühe mit einer Kunst gäbe, die nur zur Kenntnis weniger Leute kommen könne," antwortete: "Mir genügen wenige; mir genügt einer; mir genügt noch weniger als einer."

~

Ich hielt das Heft der Dichtung in meinen Händen und blätterte darin voll Bewegung . . . . Plötzlich erschallt Musik von Querpfeifen und Tamburins in der Straße vor dem Fenster und siehe: mein Mistral läuft nach dem Schranke, nimmt Gläser und Flaschen aus demselben, zieht den Tisch in die Mitte des Salons und öffnet den Musikanten die Thüre, indem er zu mir sagt:

"Lache nicht .... Sie kommen, mir ein Ständchen zu bringen ... ich bin Stadtrat."

Das kleine Zimmer füllt sich mit Menschen. Man legt die Tamburins auf die Stühle, stellt die alte Fahne in eine Ecke und der Glühwein macht die Runde. Nachdem man einige Flaschen auf die Gesundheit des Herrn Frédéric geleert und sehr ernsthaft über das Fest geplaudert hat, ob die Farandole ebenso schön sein werde, als im vergangenen Jahre, ob die Stiere sich gut benehmen würden, verabschieden sich die Musikanten, um auch den übrigen Stadträten Ständchen zu bringen. In diesem Augenblicke kommt Mistrals Mutter aus der Messe.

Im Handumdrehen ist der Tisch gedeckt: ein schönes weißes Tischtuch und zwei Couverts. Ich kenne den Brauch des Hauses; ich weiß, daß, wenn Mistral Besuch hat, seine Mutter sich nicht mit zu Tisch setzt .... Die arme alte Frau kennt nur Provençalisch und würde sich sehr unbehaglich fühlen, wenn sie mit Franzosen plaudern sollte .... Übrigens ist sie auch in der Küche nötig.

Gott! Was für ein hübsches Mahl habe ich diesen Morgen eingenommen: ein Stück Ziegenbraten, Bergkäse, eingemachte Weinbeeren, Feigen, Muskatweintrauben. Alles angefeuchtet mit gutem Chateau-Neuf du Pape, der in den Gläsern eine so schöne rosa Farbe hat ....

Beim Dessert hole ich das Heft mit der Dichtung und lege es auf den Tisch vor Mistral hin.

"Wir hatten doch gesagt, daß wir ausgehen würden," sagt lächelnd der Dichter.

"Nein! nein! ... Calendal. Calendal!"

Mistral ergiebt sich darein und beginnt mit seiner musikalischen und sanften Stimme, während er mit der Hand das Maß seiner Verse markiert, den ersten Gesang:

Eines Mädchens tolles Lieben
Hab' ich bis hierher beschrieben;
Nunmehr aber soll mein Singen
Einem jungen Fischer klingen.

Draußen läuteten die Glocken zur Vesper, auf dem Platze prasselten die Schwärmer, die Pfeifer kamen und gingen in den Straßen mit den Tamburinschlägern. Die Stiere brüllten.

Ich aber, die Ellbogen auf das Tischtuch gestützt und Thränen in den Augen, hörte die Geschichte des kleinen provençalischen Fischers.

~

Calendal war nur ein Fischer; die Liebe macht ihn zum Helden ... Um das Herz seiner Freundin – der schönen Estérelle – zu gewinnen, unternimmt er wunderbare Dinge und die zwölf Arbeiten des Herkules sind nichts im Vergleich mit den seinigen.

Einmal, da er sich vorgenommen hatte reich zu werden, hat er furchtbare Maschinen für die Fischerei erfunden und versammelt alle Fische des Meeres im Hafen. Ein andermal ist es ein entsetzlicher Halsabschneider, der Graf und Bandit Sévéran, den er in seinem eignen Neste unter seinen Konkubinen und Helfershelfern aufsucht .... Was für ein grober Junge ist doch dieser kleine Calendal! Eines Tages trifft er zwei Gruppen seiner Gefährten, die eben im Begriff sind ihre Streitigkeiten auszumachen durch große Kompaßschläge auf das Grab Meister Jakobs, eines Provençalen, welcher das Holzwerk an dem Tempel Salomos gemacht hat; Calendal wirft sich mitten in die Schlächterei und besänftigt die Gefährten durch seine Reden .....

Und dann übermenschliche Unternehmungen! ... Es gab da oben in den Felsen von Lure einen unzugänglichen Cedernwald, zu dem noch nie ein Holzhauer emporzusteigen gewagt hatte. Er, Calendal, steigt hinauf. Er bleibt dort dreißig Tage lang ganz allein. Dreißig Tage lang hört man die Schläge seiner Axt erschallen, wenn diese in die Stämme eindringt. Der

Wald knirscht; einer nach dem andern fallen die alten Riesenbäume und rollen auf den Grund der tiefen Schluchten und als Calendal wieder herabsteigt, da steht nicht eine einzige Ceder mehr auf dem Gebirge . . . .

Endlich wird der kleine Sardellenfischer für seine großen Thaten belohnt; er erwirbt die Liebe Estérelles und wird von den Bewohnern von Cassis zum Konsul ernannt. Das ist die Geschichte von Calendal . . . . . Aber was liegt an Calendal? Was vor allen Dingen in der Dichtung enthalten ist, das ist die Provence – die Provence des Meeres und die Provence des Gebirges – ihre Geschichte, ihre Sitten, ihre Legenden, ihre Landschaften, ihre einfache und freie Bevölkerung, die vor ihrem Untergange ihren großen Dichter und Sänger gefunden hat . . . . Und nun, baut Eisenbahnen, setzt Telegraphenstangen, werft die provençalische Sprache zur Schule hinaus! Die Provence wird ewig leben in Mireille und in Calendal.

~

"Genug der Poesie!" sagte Mistral und schlug das Heft zu. "Jetzt müssen wir gehen, um uns das Fest zu betrachten."

Wir gingen; das ganze Dorf war in den Straßen; ein kräftiger Windstoß hatte den Himmel rein gefegt und der Himmel spiegelte sich lustig in den roten Dächern, die vom Regen noch naß waren. Wir kamen zeitig genug, um die Rückkehr der Prozession zu sehen. Das war ein gar nicht enden wollender, eine ganze Stunde langer Zug: Büßer in Gugeln, weiße Büßer, blaue Büßer, graue Büßer, Schwesterschaften verschleierter Mädchen, rosenrote Fahnen mit goldnen Blumen, große hölzerne Heilige, die ihre Vergoldung verloren hatten und auf vier Schultern getragen wurden, Heilige von Steingut, wie Götzenbilder angemalt, mit großen Blumensträußen in den Händen, Chormänteln, Monstranzen, Traghimmeln von grünem Sammet, Kruzifixe mit weißer Seide eingerahmt, alles das im Winde wogend in dem Schein der Kerzen und der Sonne, unter dem Gesange der Psalmen und Litaneien, unter dem Geläute aller Glocken.

Als die Prozession geendigt, die Heiligen in ihre Kapellen zurückgebracht worden waren, gingen wir die Stiere zu sehen, dann die Spiele auf der Scheunentenne: die Ringkämpfe, das Sackhüpfen, das Topfschlagen und die ganze Reihe der festlichen Spiele der Provence.

Es wurde Nacht, als wir nach Maillane zurückkamen. Auf dem Platze vor dem kleinen Kaffeehaus, wo Mistral abends mit seinem Freunde Zidore seine Partie zu machen pflegt, hatte man ein großes Freudenfeuer angezündet.... Man rüstete sich zur Farandole. Überall im Dunkel wurden Papierlaternen angebrannt, die junge Welt ordnete sich und, sobald die Tamburins das Zeichen gaben, begann rund um das Freudenfeuer ein toller, lärmender Rundtanz, der die ganze Nacht andauern sollte.

~

Zu ermüdet um noch herumzulaufen, gingen wir nach dem Abendessen hinauf in Mistrals Zimmer. Es ist eine bescheidene Bauernstube mit zwei großen Betten. Die Wände sind nicht tapeziert; man sieht die Balken der Decke... Vor vier Jahren, als die Akademie dem Verfasser von Mireille den Preis von dreitausend Franken zuteilte, hatte Madame Mistral eine Idee:

"Wie wäre es, wenn wir dein Zimmer tapezieren und die Decke austäfeln ließen?" sagte sie zu ihrem Sohne.

"Nein, nein!" antwortete Mistral.... "Dieses Geld gehört den Dichtern; das wird nicht angerührt."

Und das Zimmer blieb so kahl, wie es war; aber so lange das Geld der Dichter dauerte, haben diejenigen, die bei Mistral anklopften, stets eine offene Börse gefunden....

Ich hatte das Heft mit Calendal mit in das Zimmer hinaufgenommen und wollte mir vor dem Einschlafen noch eine Stelle vorlesen lassen. Mistral wählte die Episode von dem Fayence-Service. Der Inhalt ist in kurzen Worten folgender:

Die Scene ist ein großes Gastmahl, ich weiß nicht wo. Man bringt ein prächtiges Fayence-Service von Moustiers auf die Tafel. Auf dem Grunde jedes Tellers ist in blauer Zeichnung auf der Glasur ein provençalisches Ereignis dargestellt; die ganze Geschichte des Landes ist darin enthalten. Und nun, mit welcher Liebe sind diese schönen Fayenceteller beschrieben; eine Strophe für jeden Teller und ebensoviel kleine Gedichte, einfach und doch voller Gelehrtheit, vollendet wie die Gemälde von Theokrit.

Während mir Mistral seine Verse vorlas in jener schönen provençalischen Sprache, die zu mehr als drei Viertel lateinisch ist, die ehemals von Königinnen gesprochen wurde und die jetzt nur von unseren Schäfern verstanden wird; bewunderte ich im stillen diesen Mann, indem ich daran dachte, in welchem verwahrlosten Zustande er seine Muttersprache gefunden hatte und was er aus derselben gemacht hat.

Ich stellte mir einen jener alten Paläste der Fürsten von Baux vor, wie man deren in den Voralpen sieht; keine Dächer mehr, keine Geländer an den Freitreppen, keine Scheiben in den Fenstern, die Schlußsteine der Kreuzbogen zerbrochen, die Wappen über der Thür vom Moos überzogen; Hühner in dem Ehrenhofe nach Würmern scharrend; gemästete Schweine in den Säulenhallen der Galerien; Esel in dem hohen Grase der Kapellen weidend; Tauben, die ihren Durst in den großen, mit Regenwasser gefüllten Weihwasserkesseln stillen und zwischen diesem Schutt endlich zwei oder drei Bauernfamilien, die in den Seitenflügeln des alten Palastes ihre Hütten gebaut haben.

Und, siehe da! eines schönen Tages begeistert sich der Sohn eines dieser Bauern für diese großen Ruinen; er fühlt sich entrüstet über ihre Entweihung; schnell, schnell jagt er die Tiere hinaus und mit Hilfe der Feen stellt er, er ganz allein, die große Treppe wieder her, erneuert das Getäfel der Wände, setzt wieder Scheiben in die Fenster, baut die Thüren wieder auf, erneuert die Vergoldung des Thronsaales und setzt den ganzen, weiten Palast von ehemals wieder in den Stand, in welchem Päpste und Kaiserinnen wohnten.

Dieser wieder hergestellte Palast, das ist die provençalische Sprache.

Dieser Bauernsohn, das ist Mistral.

Die drei stillen Messen.

Eine Weihnachtsgeschichte.

I.

"Zwei getrüffelte Truthennen, Garrigou? . . ."

"Ja, Hochwürden, zwei prächtige Truthennen, mit Trüffeln vollgepfropft. Ich kann etwas davon erzählen, habe ich doch mit geholfen sie zu füllen. Man hätte denken sollen, ihre Haut müßte beim Braten platzen, so war sie ausgespannt . . . ."

"Jesus – Maria! Und ich esse Trüffeln so gern . . . Schnell, gieb mir mein Chorhemd, Garrigou . . . Und außer den Truthennen, was hast du noch in der Küche bemerkt? . . ."

"O! Alles nur mögliche Gute . . . Seit Mittag haben wir nichts gethan, als Fasanen, Wiedehopfen, Feldhühner und Auerhähne zu rupfen. Die Federn flogen nur überall so herum . . . Dann hat man aus dem Teiche Aale gebracht, Goldkarpfen, Forellen und . . . ."

"Forellen, Garrigou, wie groß? . . ."

"So groß, Hochwürden, ganz prächtige Stücken! –"

"Mein Gott! Mir ist, als ob ich sie sähe! . . . Hast du den Wein in die Meßkännchen gefüllt? . . ."

"Ja, Hochwürden, ich habe den Wein in die Meßkännchen gefüllt . . . . Aber, weiß Gott! der ist gar nichts gegen den Wein, den Sie nach der Mitternachtsmesse trinken werden. Wenn Sie das alles in dem Speisesaale des Schlosses sähen, alle diese Flaschen mit edeln Weinen, die in allen Farben schillern . . . Und das Silbergeschirr. die Tafelaufsätze, die Blumen, die Armleuchter! – Solch einen Weihnachtsschmaus hat man noch niemals gesehen. Der Herr Graf hat alle Herrschaften aus der Nachbarschaft eingeladen. Sie werden wenigstens vierzig Personen zur Tafel sein, ohne den Amtmann und den Gerichtsschreiber zu rechnen. Ach Sie haben es gut, daß Sie dabei sein können, Hochwürden . . . . Unsereiner hat die schönen Truthennen nur riechen dürfen und doch verfolgt mich der Duft der Trüffeln, wohin ich mich auch wenden mag . . . Ach! . . ."

"Nun, nun, mein Kind. Hüten wir uns vor der Sünde der Leckerei, zumal am heiligen Weihnachtsabend.... Geh schnell und zünde die Kerzen an und gieb das erste Glockenzeichen zur Messe; denn sieh, es ist bald Mitternacht und wir dürfen uns nicht verspäten...."

Dieses Zwiegespräch wurde an einem schönen Weihnachtsabend im Jahre des Heils eintausendsechshundert und so und so viel gehalten zwischen dem ehrwürdigen Herrn Balaguère, vormaligem Prior der Barnabiten, jetzt wohlbestallten Schloßkaplan der Grafen von Trinquelague, und seinem kleinen Mesner Garrigou oder vielmehr derjenigen Person, welche er für seinen kleinen Mesner Garrigou hielt. Denn, wohlgemerkt, für diesen Abend hatte der Teufel die runde Gestalt und die unbestimmten Züge des jungen Sakristans angenommen, um seine Hochwürden bequemer in Versuchung führen und zu einer abscheulichen Sünde der Leckerei verleiten zu können. Während also der angebliche Garrigou (hm, hm) die Glocken der gräflichen Kapelle ertönen ließ, legte seine Hochwürden in der kleinen Sakristei des Schlosses sein Meßgewand an und wiederholte während des Ankleidens für sich, mit seinen Gedanken ganz in jene gastronomischen Beschreibungen vertieft:

"Gebratene Truthennen... Goldkarpfen... Forellen... und von solcher Größe!...."

Draußen blies der Nachtwind und trug die Glockentöne in die Ferne, während hier und da auf den Seiten des Berges Ventoux, auf dessen Spitze sich die alten Türme von Trinquelague erhoben, Lichter durch das nächtliche Dunkel aufblitzten. Es waren die Familien von den Meierhöfen, die sich anschickten, die Mitternachtsmesse auf dem Schlosse zu hören. Unter Gesang erklommen sie den Abhang in Gruppen von fünf oder sechs, voran der Vater, die Laterne in der Hand, sodann die Frauen eingehüllt in ihre großen braunen Mäntel, in deren Falten die Kinder Schutz und Anhalt suchten. Trotz der späten Stunde und der Kälte marschierten die braven Leute lustig vorwärts in der zuversichtlichen Hoffnung, daß sie nach beendigter Messe wie jedes Jahr unten in den Küchenräumen den Tisch gedeckt finden würden. Von Zeit zu Zeit ließ eine herrschaftliche, von Fackelträgern begleitete Karosse auf dem steilen Wege ihre Spiegelscheiben in den Strahlen des Mondes erglänzen oder ein Maultier setzte vorwärts trottend die an seinem Halse hängenden Glöckchen in Bewegung und bei dem Scheine der von Nebel eingehüllten Stocklaternen erkannten die Meier ihren Amtmann und grüßten ihn beim Vorbeireiten:

"Guten Abend, guten Abend, Herr Arnoton."

"Guten Abend, guten Abend, meine Kinder."

Die Nacht war hell, die Sterne erzitterten in der Kälte, der Nordwind wehte scharf und feine Eisnadeln, die von den Kleidern herabglitten ohne sie zu befeuchten, hielten die Überlieferung der "schneeweißen" Weihnacht treulich aufrecht. Ganz oben auf der Höhe erschien als Ziel das Schloß mit seiner gewaltigen Masse von Türmen und Giebeln, stieg der Glockenturm seiner Kapelle zum schwarzblauen Himmel empor und eine Menge kleiner Lichter, die sich hin und wider bewegten, blitzten in allen Fenstern auf und glichen auf dem dunkeln Hintergrunde des Gebäudes den Funken, die in der Asche verbrannten Papieres aufleuchten. Nachdem man die Zugbrücke und das Fallthor überschritten, mußte man, um nach der Kapelle zu gelangen, den ersten Hof durchqueren, der mit Karossen, Bedienten, Tragsesseln angefüllt und durch die Flammen der Fackeln und durch die Küchenfeuer tageshell erleuchtet war. Man hörte das Geräusch der Bratenwender, das Klappern der Kasserole, das Klirren der Krystall- und Silbergefäße, die bei der Vorbereitung zu einem Mahle gebraucht werden; und der Duft gebratenen Fleisches und würziger Saucen, der über dem Ganzen schwebte, rief den Meiern, wie dem Kaplan, wie dem Amtmann, wie aller Welt zu:

"Welch vortreffliches Weihnachtsmahl erwartet uns nach der Messe!" –

II.

Kling-ling-ling!... Kling-ling-ling!...

Die Mitternachtsmesse beginnt. In der Schloßkapelle, einer Kathedrale im kleinen mit Kreuzgewölben, eichenem Getäfel die ganzen Wände hinauf, sind alle Wandteppiche aufgespannt, alle Kerzen angezündet. Und welche Versammlung! Und welche Toiletten! Da sitzen in den schöngeschnitzten Stühlen, welche den Chor umgeben, zunächst der Graf von

Trinquelague in lachsfarbenem Taffetgewande und neben ihm alle geladenen edeln Herren. Gegenüber, auf mit Sammet besetzten Betstühlen hat neben der alten Gräfin-Witwe in feuerrotem Brokatkleide, die junge Gräfin von Trinquelague sich niedergelassen, im Haare eine hohe, nach der letzten Mode des Hofes von Frankreich aufgebaute Spitzengarnitur. Weiter unten sieht man in schwarz gekleidet, mit mächtigen Perücken und rasierten Gesichtern den Amtmann Arnoton und den Gerichtsschreiber Ambroy – zwei ernste Notabenes zwischen den glänzenden Seidengewändern und den broschierten Damastkleidern. Sodann die fetten Haushofmeister, die Pagen, die Jäger, die Aufseher, Frau Barbara, alle Schlüssel an einer Kette von feinem Silber an ihrer Seite herabhängend. Im Hintergrunde, auf Bänken, die niedere Dienerschaft, die Mägde, die Meier mit ihren Familien, und endlich ganz hinten, dicht bei der Thüre, die sie möglichst geräuschlos öffnen und schließen, die Herren Küchenjungen, die zwischen zwei Saucen ein wenig Messeluft atmen und ein wenig Duft des Weihnachtsschmauses in die Kirche mitbringen, in welcher die Menge der angezündeten Kerzen eine festliche Wärme ausstrahlt.

Ist es der Anblick der weißen Küchenjungenbaretts, die seine Hochwürden so in Zerstreuung versetzt? Oder ist es vielleicht das Glöckchen Garrigous, dieses rasende kleine Glöckchens, welches sich am Fuße des Altars mit wahrhaft höllischer Überstürzung bewegt und bei jeder Schwingung zu sagen scheint: "Eilen wir uns, eilen wir uns . . . . Je früher wir hier fertig werden, desto früher kommen wir zur Tafel." Thatsache ist, daß, so oft dieses Teufelsglöckchen erklingt, der Kaplan seine Messe vergißt und nur noch an den Weihnachtsschmaus denkt. Im Geiste sieht er das Küchenpersonal in voller Thätigkeit, die Öfen, in denen ein wahres Schmiedefeuer glüht, den Dunst, der unter den Deckeln der Kasserole hervordringt und in diesem Dunste zwei prächtige Truthennen, zum Zerplatzen vollgestopft und marmoriert mit Trüffeln . . . .

Er sieht auch wohl ganze Reihen kleiner Pagen vorüberziehen, beladen mit Schüsseln, die einen verführerischen Duft um sich verbreiten und tritt mit ihnen in den großen Saal, der schon für das Fest bereit steht. O Wonne! Da steht im vollen Lichterglanze die mächtige Tafel ganz beladen; Pfauen in ihr eignes Gefieder gekleidet; Fasanen, die ihre braun-roten Flügel ausbreiten; rubinfarbige Flaschen; Fruchtpyramiden, die aus grünen Zweigen hervorleuchten und die wunderbaren Fische, von denen Garrigou sprach (ja, ja, vortrefflich, Garrigou!), ausgestreckt auf ein Lager von Fenchel, die Schuppenhaut so perlmutterglänzend, als ob sie eben aus dem Wasser kämen, mit einem Sträußchen wohlriechender Kräuter in ihren monströsen Mäulern. So lebhaft ist die Vision dieser Wunder, daß es Herrn Balaguère vorkommt, als seien diese prächtigen Gerichte vor ihm auf den Stickereien der Altardecke angerichtet und daß er sich zwei oder dreimal dabei überrascht, daß er die Worte: "der Herr sei mit euch!" in: "der Herr segne die Mahlzeit" verkehrt. Abgesehen von diesen verzeihlichen Mißgriffen pflegte der würdige Mann seines Amtes mit großer Gewissenhaftigkeit, ohne eine Zeile zu überspringen, ohne eine Kniebeugung auszulassen und alles ging vortrefflich bis an das Ende der ersten Messe; denn, wie bekannt, muß am Weihnachtstage derselbe Geistliche drei Messen hintereinander celebrieren.

"Das war eine!" sagt der Kaplan zu sich mit einem Seufzer der Erleichterung; dann, ohne eine Minute zu verlieren, giebt er seinem Mesner oder dem, den er dafür hält, das Zeichen und . . . .

Kling-ling-ling! Kling-ling-ling! . . .

Die zweite Messe nimmt ihren Anfang und mit ihr die Sünde Herrn Balaguères. "Schnell, schnell, beeilen wir uns", ruft ihm mit seiner dünnen, schrillen Stimme das Glöckchen Garrigous zu und diesmal stürzt sich der unselige Priester, sich ganz dem Dämon der Freßsucht hingebend, auf das Meßbuch und verschlingt die Seiten mit der Gier seines überreizten Geistes. Wie ein Wahnsinniger kniet er nieder und erhebt sich wieder, macht er die Zeichen des Kreuzes, die Kniebeugungen und kürzt alle diese Bewegungen ab, um möglichst bald zu Ende zu kommen. Kaum daß er bei Verlesung des Evangeliums die Arme ausstreckt, daß er beim "confiteor" an seine Brust schlägt. Zwischen ihm und seinem Mesner entspinnt sich ein förmlicher Wettstreit, wer am schnellsten fertig wird. Fragen und Antworten überstürzen sich. Die Worte, nur zur Hälfte ausgesprochen ohne den Mund zu öffnen, was zu viel Zeit kosten würde, gehen in unverständliches Gemurmel über.

Oremus ps....ps....ps....

Mea culpâ....pâ....pâ....

Eiligen Weinlesern gleich, die im Kübel die Trauben austreten, waten beide in dem Latein der Messe herum, nach allen Seiten abgerissene Worte hervorsprudelnd.

Dom....scum!... sagt Balaguère.

....Stutuo!... antwortet Garrigou und immer ist das verdammte Glöckchen da, dessen schrille Stimme in ihren Ohren klingt, wie die Schellen, die man an dem Geschirr der Postpferde befestigt, um dieselben zu rascherem Laufe anzufeuern. Daß bei solchem Gange eine stille Messe rasch erledigt ist, läßt sich leicht vorstellen.

"Das waren zwei!" sagt der Kaplan ganz außer Atem, dann stürzt er, ohne sich Zeit zu nehmen wieder zu Atem zu kommen, rot im Gesicht, vor Eifer schwitzend, die Stufen des Altars herunter und . . . .

Kling-ling-ling! Kling-ling-ling! . . . .

Die dritte Messe beginnt. Nun sind es nur noch wenige Schritte bis zur Ankunft in den Speisesaal; aber ach! je mehr der Weihnachtsschmaus herannaht, desto mehr fühlt sich der unglückselige Balaguère von wahnsinniger Ungeduld und Freßgier ergriffen. Seine Visionen verschärfen sich, die Goldkarpfen, die gebratenen Truthennen sind da, stehen vor ihm. Er berührt sie . . . er . . . . O! Gott . . . die Gerichte dampfen, die Weine duften; und die immer schrillere Stimme des rasch geschwungenen Glöckchens ruft ihm zu:

"Rasch, rasch, immer rascher! . . . ."

Aber wie ist das möglich? Seine Lippen bewegen sich kaum. Er spricht die Worte nicht mehr aus. Will er wirklich den lieben Gott betrügen, ihm seine Messe eskamotieren?... Ja, wirklich, das thut er, der Unglückselige! . . . . Er kann der Versuchung nicht widerstehen, zuerst überspringt er einen Vers, dann zwei. Dann ist die Epistel zu lang, er liest sie nicht zu Ende, er geht über das Evangelium hinweg, geht am Credo vorüber, überspringt das Vaterunser und stürzt sich so mit gewaltigen Sätzen und

Sprüngen in die ewige Verdammnis, stets begleitet von dem niederträchtigen Garrigou (Hebe dich weg, Satanas!), der ihm mit wunderbarem Verständnis sekundiert, ihm das Meßgewand aufhebt, immer zwei Blätter auf einmal umwendet, die Meßkännchen umstürzt und dabei beständig das Glöckchen immer stärker, immer schneller schwingt.

Die bestürzten Gesichter sämtlicher Zuhörer zu betrachten, lohnt schon der Mühe. Genötigt, nach der Mimik des Priesters der Messe zu folgen, von welcher sie nicht ein Wort verstehen, erheben sich die einen, wenn die andern niederknieen, setzen sich die ersten, wenn die letzten aufstehen, und sämtliche Phasen dieses sonderbaren Gottesdienstes fließen ineinander und finden ihren Ausdruck in den verschiedenartigsten Stellungen der Zuhörer auf den verschiedenen Bänken. Der Weihnachtsstern auf seiner Bahn am Himmel erblaßte vor Schreck beim Anblick solcher Verwirrung.

"Der Kaplan geht zu rasch . . . . man kann nicht folgen," murmelt die alte Gräfin-Witwe, indem sie ihre Haube aufgeregt hin und her bewegt. Meister Arnoton, seine große Stahlbrille auf der Nase, sucht mit Verwunderung in seinem Gebetbuche und fragt sich, wie zum Teufel man mit ihm daran sei. Aber im Grunde sind alle diese braven Leute, die ja ebenfalls an den Weihnachtsschmaus denken, gar nicht böse darüber, daß die Messe im Galopp vorwärts geht und als Balaguère mit strahlendem Gesicht sich an die Anwesenden wendet und mit aller Kraft ihnen zuruft: "Ite, missa est", da antwortet ihm die ganze Zuhörerschaft einstimmig ein so freudiges, so hinreißendes "Deo gratias", daß man in Versuchung geriet zu glauben, man befinde sich schon an der Tafel bei dem ersten Toast des Weihnachtsschmauses.

III.

Fünf Minuten später saß die ganze Schar edler Herren im großen Saale, der Kaplan mitten unter ihnen. Das Schloß, von unten bis oben erleuchtet, hallte wieder von Gesängen, Rufen, Gelächter und der ehrwürdige Balaguère durchstach mit seiner Gabel den Flügel eines Feldhuhns, indem er die Gewissensbisse über seine Sünde unter Fluten edeln Weines und guten Bratensaucen zu ersticken suchte. Er trank und aß so viel, der ehrwürdige Mann, daß er in der Nacht einem entsetzlichen Anfalle erlag, ohne auch nur die Zeit zu finden zu bereuen. Am Morgen darauf kam er in dem Himmel an, noch ganz aufgeregt von den Festlichkeiten der Nacht. Wie er dort empfangen wurde, könnt ihr euch denken.

"Aus meinen Augen, du schlechter Christ," sprach zu ihm der oberste Richter, unser aller Herr, "deine Sünde ist so groß, daß sie den Wert eines ganzen tugendhaften Lebens aufwiegt . . . Ah! du hast mir eine Nachtmesse gestohlen . . . . Nun wohl, du wirst mir dafür dreihundert zahlen und wirst nicht eher Eintritt in das Paradies erlangen, als bis du diese dreihundert Weihnachtsmessen in deiner eignen Kapelle und in Gegenwart aller derer celebriert hast, welche durch deine Sünde und mit dir gesündigt haben . . ."

. . . Und das ist die wahre Legende von Herrn Balaguère Hochwürden, wie man sie im Lande der Oliven erzählt. Heute existiert das Schloß Trinquelague nicht mehr, aber die Kapelle steht noch aufrecht auf der Höhe des Berges Ventoux, umgeben von einem Kranze grüner Eichen. Der Wind schlägt ihre zerfallenden Thüren auf und zu, auf dem Boden wuchert das Unkraut, in den Winkeln des Altars und in den Ecken der hohen Fenster, deren gemalte Glasscheiben langst verschwunden sind, nisten die Vögel. Gleichwohl scheint es, daß jedes Jahr zu Weihnacht ein übernatürliches Licht durch die Ruinen irrt und die Bauern haben oft auf dem Wege zur Messe und zum Weihnachtsschmause die gespenstige Kapelle von unsichtbaren Lichtern erleuchtet gesehen, die in freier Luft, selbst unter dem Schnee und im Winde brennen. Du magst darüber lachen, wenn du willst; aber ein Winzer des Orts, Namens Garrigue, ohne Zweifel ein Nachkomme jenes Garrigou, hat mir versichert, daß er sich eines schönen Weihnachtsabends, als er gerade einen kleinen Rausch hatte, sich im Gebirge auf der Seite von Trinquelague verirrte und was er dort sah, ist folgendes . . . . Bis um elf Uhr nichts. Alles war in Schweigen gehüllt, wie erloschen und unbelebt. Plötzlich gegen Mitternacht ertönte eine Glocke hoch oben vom Glockenturme, eine alte, so alte Glocke, daß ihr Ton von zehn Stunden Entfernung herüberzutönen schien. Bald darauf sah Garrigue auf dem Wege, welcher zum Berge hinaufführt, Flämmchen aufleuchten und unbestimmte Schatten sich bewegen. Unter der Thüre der Kapelle ertönten Schritte, man flüsterte:

"Guten Abend, Meister Arnoton! . . ."

"Guten Abend, guten Abend, meine Kinder! . . ."

Als alle Welt in die Kapelle eingetreten war, trat mein Winzer, der sehr tapfer war, vorsichtig und leise näher und erblickte durch die Spalten der zerbrochenen Thüre ein sonderbares Schauspiel. Alle die Leute, die er hatte vorübergehen sehen, waren in dem zerfallenen Schiff der Kapelle um das Chor herum geordnet, als wenn die alten Bänke noch vorhanden wären. Schöne Damen mit Spitzenhauben, von oben bis unten betreßte Herren, Bauern in buntfarbigen Jacken, wie sie unsere Großväter trugen, alle das Gesicht alt, welk, staubig, müde. Von Zeit zu Zeit umkreisten Nachtvögel, die gewöhnlichen Bewohner der Kapelle, durch alle diese Lichter aus dem Schlafe aufgestört, diese Kerzen, deren Flamme gerade und schwankend in die Höhe stieg, als ob sie hinter einem Schleier brenne. Und was Garrigue am meisten Spaß machte, das war eine gewisse Person mit großer Stahlbrille, welche jeden Augenblick ihre hohe, schwarze Perücke schüttelte, auf welcher einer der Vögel sich wie versessen aufrecht hielt und schweigend die Flügel auf und nieder bewegte . . . .

Im Hintergrunde lag ein kleiner Greis von kindlicher Gestalt in der Mitte des Chors auf den Knieen und schwang verzweiflungsvoll ein Glöckchen ohne Klöppel und ohne Klang, während ein Priester in abgetragenem Meßgewande vor dem Altar hin und wieder ging, beständig Gebete recitierend, von denen man nicht ein Wort hörte . . . . Sicher war das Ehrwürden Balaguère, der eben seine dritte stille Messe hielt.

Die Orangen.
Eine Phantasie.

In Paris haben die Orangen das traurige Ansehen von gefallenen Früchten, die man unter den Bäumen zusammengerafft hat. Zur Zeit, wo sie ankommen, mitten im regnerischen und kalten Winter, giebt ihnen ihre glänzende Schale, ihr starker Geruch in diesem Lande der ruhigen Genüsse ein fremdartiges, ein wenig zigeunerhaftes Aussehen. Angehäuft in kleinen herumziehenden Karren beim düstern Lichte einer roten Papierlaterne gleiten sie während der nebligen Abende traurig an den Trottoirs hinab. Eine eintönige, grelle Stimme, die sich in dem Rollen der Wagen, in dem Gerassel der Omnibusse verliert, geleitet sie:

"Zwei Sous das Stück!"

Für drei Viertel der Pariser gehört diese in der Ferne gepflückte Frucht mit ihrer einförmigen Rundung, auf welcher der Baum nur einen kleinen grünen Fleck als Zeichen der früheren Zugehörigkeit zurückgelassen hat, zur Zuckerbäckerei, zur Konditorei. Das Seidenpapier, welches sie umgiebt, die Feste, die sie mit feiern hilft, verstärken diesen Eindruck. Namentlich gegen Ende des Jahres machen die Tausende von Orangen, die durch die Straßen gefahren werden, alle die Schalen, die in dem Schmutze der Rinnsteine sich hinziehen, den Eindruck, als ob ein riesiger Weihnachtsbaum seine mit künstlichen Früchten beladenen Zweige über Paris geschüttelt hätte. Kein Winkel, wo man ihnen nicht begegnete. An den hellerleuchteten Auslegefenstern der Geschäfte in ausgesuchten, prächtigen Exemplaren; an der Thüre der Gefängnisse und Hospitäler zwischen Paketen mit Zwieback und Haufen von Äpfeln; vor den Eingängen zu sonntäglichen Tanzvergnügen und Schaustellungen. Und ihr ausgesuchter Duft vermischt sich mit dem Geruch des Gases, mit dem Gekreisch der Fiedeln, mit dem Staube der Galeriebänke. Man vergißt darüber, daß man Orangenbäume haben muß, um Orangen hervorzubringen; denn während die Frucht uns direkt aus dem Süden in vollen Kisten zugeführt wird, erscheint der Baum, verschnitten, umgeformt, entstellt durch das Gewächshaus, worin er den Winter zubringt, nur eine kurze Zeit in der freien Luft der öffentlichen Gärten.

Um die Orangen genau zu kennen, muß man sie in ihrer Heimat gesehen haben, auf den Balearischen Inseln, in Sardinien, in Korsika, in Algerien, in der blaugoldnen Luft, der feuchtwarmen Atmosphäre des Mittelmeers. Ich erinnere mich an einen kleinen Orangenhain vor den Thoren von Blidah; da waren sie schön! In dem düstern, glänzenden, glasierten Laube hatten die Früchte den Glanz von farbigen Glaskugeln und vergoldeten die umgebende Luft mit dem glänzenden Lichtschein, welcher strahlende Blumen umgiebt. Hier und da ließen Lichtungen zwischen den

Zweigen die Wälle der kleinen Stadt, das Minaret einer Moschee, die Kuppel eines Marabout sehen und darüber die gewaltige Masse des Atlas, grün am Fuße und oben vom Schnee wie mit einem weißen Pelze eingehüllt.

Während meines dortigen Aufenthalts trat eines Nachts ein seit dreißig Jahren unerhörtes Ereignis ein; der Winter überschüttete die schlafende Stadt mit Reif und Schnee, und Blidah erwachte vollkommen umgewandelt in weißem Pudermantel. In der leichten, reinen Luft Algeriens erschien der Schnee wie Staub von Perlmutter; er zeigte Reflexe wie die Federn eines weißen Pfauhahns. Das schönste aber war der Orangenhain. Auf den dicken Blättern lag der Schnee unversehrt, wie Eis auf Lacktellern und die vom Reif gepuderten Früchte strahlten in sanftem Glanze wie Gold durch helle, weiße Schleier. Das machte den Eindruck eines Kirchenfestes, roter Soutanen unter Spitzengewändern, Altarvergoldungen von seidner durchbrochener Arbeit eingehüllt . . .

Aber meine schönste Erinnerung an Orangen knüpft sich an Barbicaglia, einen großen Garten bei Ajaccio, in welchem ich während der heißen Stunden meine Siesta zu halten pflegte. Hier stiegen die Orangenbäume, höher und weiter voneinander gepflanzt als in Blidah, bis zur Straße herab, von welcher der Garten nur durch eine lebendige Hecke und einen Graben getrennt war. Unmittelbar danach kam das Meer, das unendliche blaue Meer . . . Was für schöne Stunden habe ich in diesem Garten verlebt! Über meinem Kopfe hauchten die Blüten und die Früchte der Orangenbäume ihre Wohlgerüche aus. Von Zeit zu Zeit fiel eine reife Orange, die sich plötzlich ablöste, als wäre sie durch die Hitze zu schwer geworden, mit mattem Geräusch, ohne Echo, nahe bei mir zur Erde. Ich hatte nur die Hand auszustrecken. Das waren prachtvolle Früchte, im Innern purpurrot. Sie schienen mir ganz auserlesen und dazu war der Horizont so schön! Zwischen den Blättern glänzten die blauen Flächen des Meeres hindurch wie zerbrochene Glasscheiben, welche die Strahlen der Sonne durch den Nebel der Luft zurückwerfen. Und dazu die Bewegung der Wellen, die sich auf weite Entfernungen hin durch die Atmosphäre fortpflanzt, dieses taktmäßige Gemurmel, von dem man wie in einer unsichtbaren Barke gewiegt wird, die Hitze, der Duft der Orangen . . . . Ach! wie köstlich schlief es sich in dem Garten von Barbicaglia!

Zuweilen jedoch wurde ich mitten aus dem süßesten Mittagsschlaf durch Trommelschläge jäh aufgeweckt. Es waren unglückliche Trommler, die da unten auf der Straße ihre Übungen anstellten. Durch die Lücken der Hecken sah ich ihre Messingtrommeln und die großen weißen Schurzfelle auf den roten Hosen. Um sich ein wenig gegen das blendende Licht zu schützen, welches der Straßenstaub unerbittlich in ihre Augen zurückwarf, hatten die armen Teufel sich am Fuße des Gartens in dem kurzen Schatten der Hecke aufgestellt. Und sie trommelten! Und sie schwitzten! Da riß ich mich gewaltsam aus meinem Hypnotismus empor und vergnügte mich damit, ihnen einige von den schönen rotgoldenen Früchten zuzuwerfen, die meiner Hand so nahe hingen. Der Tambour, auf den ich gezielt hatte, hielt mit Trommeln inne. Er zögerte einen Augenblick, warf einen Blick in die Runde, um zu sehen, woher die prächtige Orange wohl gekommen sei, die vor ihm in den Graben rollte; dann raffte er sie schnell auf und biß mit allen Zähnen in sie, selbst ohne zuvor die Schale zu entfernen.

Ich erinnere mich auch, daß dicht neben Barbicaglia und nur durch eine kleine niedrige Mauer davon getrennt, ein absonderliches Gärtchen lag, in welches ich von der Höhe, auf der ich mich befand, hineinsehen konnte. Es war ein kleiner, recht bürgerlich angelegter Erdenwinkel. Die hellen Landwege, die Einfassungen von dunkelgrünem Buchsbaum, die zwei Cypressen an der Eingangspforte erinnerten an die Landhäuser von Marseille. Von Schatten keine Spur. Im Hintergrunde ein Gebäude aus weißen Steinen, mit Kellerfenstern, die unmittelbar auf dem Boden begannen. Anfangs hatte ich es für ein Landhaus gehalten; aber bei genauerer Betrachtung erkannte ich aus dem sich darüber erhebenden Kreuze, sowie aus einer in den Stein gemeiselten Inschrift, wenn ich auch den Text nicht erkennen konnte, daß es das Grabgewölbe einer korsischen Familie war. Rings um Ajaccio giebt es viele dieser Totenkapellen, die einzeln mitten in den Gärten stehen. Die Familie kommt Sonntags dahin, um ihre Toten zu besuchen. So ist der Tod weniger traurig, als in dem Gewirr der Friedhöfe. Nur befreundete Schritte unterbrechen die Stille.

Von meinem Platze aus sah ich einen guten Alten ruhig durch die Gänge des Gartens trippeln. Den ganzen Tag beschnitt er die Bäume, grub die Erde um, begoß die Pflanzen, entfernte mit peinlicher Sorgfalt die verblühten Blumen; ging dann die Sonne unter, so trat er in die kleine Kapelle, wo die Toten seiner Familie schliefen, schloß Spaten, Harken und Gießkannen ein; alles mit der Ruhe, der Heiterkeit eines Friedhofsgärtners. Übrigens arbeitete der brave Mann, wahrscheinlich ohne sich Rechenschaft darüber zu geben, mit einer gewissen Zurückhaltung. Er vermied jedes laute Geräusch und jedesmal schloß er die Thüre des Gewölbes so behutsam, als fürchte er, seine Toten im Schlafe zu stören. In der tiefen, von der Sonne durchleuchteten Stille störte die wechselnde Beschäftigung in dem kleinen Garten nicht einen Vogel und die Nähe der Totenkapelle hatte durchaus nichts Trauriges mehr. Nur erschien das Meer noch unendlicher, der Himmel noch höher und diese Siesta ohne Ende verbreitete trotz der Unruhe des Lebens rings um sich das Gefühl der ewigen Ruhe . . . .

Die beiden Wirtshäuser.

Es war bei meiner Rückkehr von Nimes, eines Nachmittags im Juli. Die Hitze war erdrückend. So weit das Auge reichte, zog sich die weiße Straße glühend und staubig zwischen Olivengärten und Gruppen junger Eichen dahin und, wie mattes Silber glänzend, erfüllte die Sonne mit ihren Strahlen den ganzen Himmel. Nicht ein schattiges Fleckchen, nicht der leiseste Windhauch. Nichts als das Zittern der heißen Luft und die tolle, einschläfernde Musik der Grillen, in welcher die gewaltigen Schwingungen des Lichts auszuklingen schienen . . . . Seit zwei Stunden wanderte ich durch eine wahre Wüste, als plötzlich vor mir aus dem Staube der Straße eine Gruppe weißer Häuser hervortrat. Es war Saint-Vincent: fünf oder sechs Bauernhäuser, lange Scheuern mit roten Dächern, eine Viehtränke ohne Wasser und ganz am Ende zwei große Wirtshäuser, die auf beiden Seiten der Straße sich gerade gegenüber stehen.

Die Nachbarschaft dieser Wirtshäuser hatte etwas Überraschendes. Auf der einen Seite ein großes, neues Gebäude voller Leben und Bewegung. Alle Thüren standen offen, vor ihm hielt der Postwagen, dessen dampfende Pferde man eben abspannte. Die Reisenden waren abgestiegen und löschten in der Eile ihren Durst auf der Straße in dem kurzen Schatten der

Mauern. Der Hof voller Maultiere und Wagen, die Fuhrleute unter dem Schuppen gelagert, um die "Frische" abzuwarten. Im Innern lautes Rufen, Flüche, Faustschläge auf die Tafel, Zusammenstoßen von Gläsern, das Klappen von Billardbällen, das Springen von Stöpseln und, den ganzen Tumult beherrschend, eine lustige, schmetternde Stimme, die alle Fensterscheiben erzittern machte, indem sie sang:

Margot, die schöne
Gar früh aufsteht,
Mit dem Silberbecher
Nach dem Wasser sie geht.

.... Das Wirtshaus gegenüber war dagegen still und wie verlassen. Unkraut unter dem Thor, die Läden zerbrochen, über der Thür ein ganz zusammengeschrumpfter Stechpalmenzweig, der wie ein alter Federbusch herabhing, die Stufen vor dem Eingang mit Chausseesteinen übersäet .... Alles das so ärmlich, so jämmerlich, daß es wirklich eine That der Barmherzigkeit war, hier einzukehren und ein Glas zu trinken.

Beim Eintreten fand ich einen langen Saal, öde und traurig, den der durch drei große Fenster ohne Vorhänge hereinscheinende blendende Tag noch trauriger und öder machte. Ein paar wackelige Tische, auf denen staubbedeckte Gläser herumstanden, ein geborstenes Billard, ein gelber Diwan, ein alter Rechentisch schliefen hier in der heißen, ungesunden und drückenden Atmosphäre. Und Fliegen! und Fliegen! So viele hatte ich in meinem Leben nicht gesehen. An der Decke, an den Fensterscheiben, in den Gläsern hingen sie in ganzen Trauben .... Als ich die Thür öffnete, da summte es wie in einem Bienenstocke.

Im Grunde des Saales, in einer Fenstervertiefung stand eine Frau aufrecht, gegen das Fenster gekehrt, durch welches sie aufmerksam hinausblickte. Ich rief ihr zweimal zu:

"He! Wirtin!"

Sie kehrte sich langsam um und ließ mich das arme Gesicht einer Bäuerin sehen, voller Falten und Runzeln, erdfahl, eingerahmt von langen rötlichen Spitzenbarben, wie sie bei uns die alten Weiber tragen. Dennoch war es keine alte Frau, nur die Thränen hatten sie alt gemacht.

"Was befehlen Sie?" fragte sie mich, indem sie ihre Augen trocknete.

"Ich will einen Augenblick ausruhen und etwas trinken..."

Sehr erstaunt blickte sie mich an, ohne sich vom Platze zu rühren, als ob sie mich nicht verstände.

"Ist denn das nicht ein Wirtshaus?"

Die Frau seufzte:

"O ja... es ist ein Wirtshaus... Wenn Sie wollen... Aber warum gehen Sie nicht hinüber in das da drüben, wie die andern? Das ist viel lustiger...."

"Das ist zu lustig für mich... Ich ziehe es vor, bei Ihnen zu bleiben."

Und ohne die Antwort abzuwarten, setzte ich mich an einem Tische nieder.

Als sie sich überzeugt hatte, daß ich es ernst meinte, fing die Wirtin an, mit geschäftiger Miene hin und her zu gehen, öffnete Schubläden, rückte Flaschen zurecht, trocknete Gläser aus, jagte die Fliegen fort... Man sah, daß der eine Reisende, den sie bedienen sollte, geradezu ein Ereignis war. Für Augenblicke blieb die Unglückliche stehen und hielt den Kopf mit beiden Händen, als wenn sie daran verzweifelte zustande zu kommen. Dann ging sie in das Nebenzimmer im Hintergrunde; ich hörte sie mit einem Schlüsselbunde rasseln, Schlösser probieren, den Brotkasten nach Brot umwühlen, blasen, abstäuben, Teller waschen.... Von Zeit zu Zeit ein schwerer Seufzer, ein schlecht unterdrücktes Schluchzen... Nachdem sie eine Viertelstunde in dieser Weise herumgewirtschaftet hatte, hatte ich endlich einen Teller mit Rosinen, ein altes Brot von Beaucaire, so hart wie Sandstein, und eine Flasche Landwein vor mir stehen.

"Guten Appetit," sagte das sonderbare Geschöpf und eilte, ihren Platz am Fenster wieder einzunehmen.

Während ich trank, suchte ich sie in ein Gespräch zu ziehen.

"Sie haben nicht oft Gäste, nicht wahr, arme Frau?"

"O nein, mein Herr, niemals.... Als wir noch allein im Orte waren, da war es anders; wir hatten das Postrelais, Jagdmahlzeiten in der Zeit der wilden Enten, Ausspann das ganze Jahr.... Aber seit unsere Nachbarn sich hier niedergelassen haben, haben wir alles verloren.... Man zieht es vor hinüber zu gehen.... Bei uns, findet man, ist es zu traurig.... Wahr ist es freilich, daß unser Haus nicht sehr angenehm ist. Ich bin nicht hübsch, ich habe das Fieber, meine beiden Kleinen sind gestorben... Da drüben, im Gegenteil, lacht man beständig. Es ist eine Arlesierin, die die Wirtschaft hält, eine schöne Frau mit Spitzen und mit einer dreifachen goldnen Kette um den Hals. Der Kondukteur ist ihr Liebhaber und führt ihr die Post zu. Dazu eine Schar Stubenmädchen, die schön zu thun verstehen. Das zieht natürlich Gäste an. Sie hat die ganze Jugend von Bezouces, von Redessan, von Jonquières. Die Fuhrleute machen einen Umweg, um bei ihr einkehren zu können... Ich, ich bleibe hier den ganzen Tag allein, ohne irgend jemand, um mich abzuhärmen." Sie sagte das mit zerstreuter, gleichgültiger Stimme, die Stirn beständig gegen die Fensterscheibe gelehnt. Ersichtlich gab es in dem Wirtshaus gegenüber irgend etwas, was ihre Aufmerksamkeit in Anspruch nahm.. Plötzlich entstand auf der andern Seite der Straße eine große Bewegung. Die Post fuhr ab. Man hörte Peitschenknall, das Posthorn erklang, die Stubenmädchen kamen an die Thür gelaufen und riefen: "Adiousias!.. adiousias!..."und über alles tönte die mächtige Stimme von vorher, die ihren Gesang wieder aufnahm:

Mit dem Silberbecher
Nach dem Wasser sie geht,
Da kommen geritten
Drei Offizier....

... Bei dieser Stimme erzitterte die Wirtin am ganzen Körper und sich zu mir wendend sprach sie ganz leise:

"Hören Sie?... Das ist mein Mann... Singt er nicht gut?"

Ich sah sie ganz versteinert an.

"Wie? Ihr Mann?... Er geht also auch da hinüber?"

Darauf erwiderte sie mit betrübter Stimme, aber mit großer Sanftmut:

"Was wollen Sie, mein Herr? Die Männer sind einmal so; sie mögen nicht gern weinen sehen, und ich, ich weine immer seit dem Tode meiner Kleinen ... und dann ist es so traurig hier in der alten Baracke, in der sich nie jemand sehen läßt ... Drum geht mein armer José, wenn er sich zu sehr langweilt, hinüber um zu trinken, und weil er eine schöne Stimme hat, so läßt ihn die Arlesierin singen. Still!.. da fängt er wieder an." Und zitternd, die Hände vor sich gestreckt, mit großen Thränen, die sie noch häßlicher machten, stand sie wie verzückt am Fenster, um ihren José für die Arlesierin singen zu hören:

Da kommen geritten
Drei Offizier,
"Guten Tag, mein Schätzchen",
Spricht der erste zu ihr.

In Milianah.
Reisenotizen.

.... Es will regnen: der Himmel ist grau, der Rücken des Berges Zaccar hüllt sich in Nebel. Ein trauriger Sonntag.... In meinem kleinen Gasthofszimmer, dessen offnes Fenster nach dem Araberviertel herausgeht, versuche ich mich durch Rauchen von Cigaretten zu zerstreuen .... Man hat mir die ganze Bibliothek des Hotels zur Verfügung gestellt; neben einer sehr ausführlichen Abhandlung über das Steuerwesen und einigen Romanen von Paul de Kock entdecke ich einen einzelnen Band von Montaigne .... Ich schlage das Buch auf das Geratewohl auf und treffe den bewundernswerten Brief über den Tod des Boëthius, den ich mit Interesse noch einmal lese .... Nun aber bin ich träumerischer und düsterer als je gestimmt .... Schon fallen einige Regentropfen. Jeder Tropfen, der auf das Fensterbrett herabfällt, gräbt einen großen Stern in den Staub, der sich seit der Regenperiode des vorigen Jahres dort angehäuft hat .... Das Buch entgleitet meiner Hand und minutenlang haftet mein Blick an diesem melancholischen Sterne ....

Es schlägt zwei Uhr auf dem Uhrturme der Stadt – einem alten "Marabout", dessen schlanke, weiße Mauern ich von hier aus erblicke ... Armer Teufel von Marabout! Wer hätte ihm wohl vor dreißig Jahren gesagt, daß er eines Tags in seinem Innern ein großes städtisches Uhrwerk beherbergen und daß er jeden Sonntag, Schlag zwei Uhr, den Kirchen von Milianah das Zeichen geben werde, den Nachmittagsgottesdienst einzuläuten.... Bim, bam! Da fangen sie an zu läuten!... Das wird ziemlich lange dauern ... Dieses Zimmer ist entschieden traurig. Die großen Spinnen des Morgens, die man als philosophische Gedanken bezeichnet, haben in allen Ecken ihre Netze gesponnen ... Gehen wir hinaus!...

~

Ich komme auf den großen Platz. Die Musik des dritten Linienregiments, die sich vor einem bißchen Regen nicht fürchtet, hat sich soeben um ihren Dirigenten geschart. An einem Fenster der Kommandantur erscheint der General, von seinen Fräuleins umgeben; auf dem Platze spaziert der Unterpräfekt, Arm in Arm mit dem Friedensrichter hin und her. Ein halbes Dutzend kleiner, halb nackter Araber spielen unter entsetzlichem Geschrei in einem Winkel mit Kugeln. Dort unten sucht ein alter, zerlumpter Jude einen Sonnenstrahl, den er gestern dort verlassen hatte und den er sich wundert heute nicht wieder zu finden.... "Eins, zwei, drei!" Die Musik stimmt eine alte Masurka von Talexy an, die die Drehorgeln letzten Winter unter meinen Fenstern spielten. Diese Masurka langweilte mich damals, heute rührte sie mich bis zu Thränen.

Ach, wie sind sie glücklich, diese Musikanten vom dritten Regiment! Das Auge auf die Sechzehntel-Noten gerichtet, trunken vom Rhythmus und von dem Spektakel, denken sie nur daran, den Takt zu zählen. Ihre Seele, ihre ganze Seele haftet an dem viereckigen Blatt Papier, kaum so groß wie die Hand, die am Ende des Instruments zwei Messingklappen in abwechselnde Bewegung setzt. "Eins, zwei, drei!" Darin liegt für diese braven Leute alles; nie haben die Nationalmelodien, die sie spielen, ihr Heimweh erregt.... Ach, ich gehöre nicht zur Musik, aber diese Musik macht einen schmerzlichen Eindruck auf mich und ich entferne mich....

~

Wo könnte ich wohl diesen trüben Sonntagsnachmittag verleben? Nun, der Laden Sid'Omars ist offen ... Treten wir also bei Sid'Omar ein.

Obwohl Sid'Omar einen Laden hat, ist er doch kein Krämer. Er ist ein Prinz von Geblüt, der Sohn eines ehemaligen Deys von Algier, der von den Janitscharen stranguliert wurde .... Bei dem Tode seines Vaters flüchtete Sid'Omar mit seiner Mutter, die er anbetete, nach Milianah und lebte hier einige Jahre als großer Herr unter seinen Windhunden, seinen Falken, seinen Pferden und seinen Frauen in prächtigen kühlen Palästen, umgeben von Orangengärten und Springbrunnen. Da kamen die Franzosen. Sid'Omar, anfangs unser Feind und Abd-el-Kaders Verbündeter, veruneinigte sich schließlich mit dem Emir und unterwarf sich. Um sich zu rächen überfiel der Emir in Sid'Omars Abwesenheit Milianah, plünderte seine Paläste, schlug die Orangengärten nieder, entführte seine Pferde und seine Frauen und ließ seine Mutter unter dem Deckel einer großen Kiste ersticken ... Der Zorn Sid'Omars war fürchterlich: sofort stellte er sich in den Dienst Frankreichs und dieses hatte, so lange der Krieg mit dem Emir dauerte, keinen besseren und wilderen Soldaten, als ihn. Nach beendigtem Kriege kehrte Sid'Omar nach Milianah zurück, aber noch heute, wenn man in seiner Gegenwart von Abd-el-Kader spricht, wird er blaß und seine Augen fangen an zu glühen.

Sid'Omar ist sechzig Jahr alt. Trotz des Alters und der Pockennarben ist sein Gesicht schön geblieben: große Augenbrauen, sanft blickende Augen, ein reizendes Lächeln, eine fürstliche Miene. Durch den Krieg zu Grunde gerichtet, ist ihm von seinem ehemaligen Reichtum nichts geblieben, als ein Meierhof in der Ebene des Chélif und ein Haus in Milianah, wo er in bürgerlicher Einfachheit mit seinen drei, unter seinen Augen erzogenen Söhnen lebt. Die eingeborenen Häuptlinge erzeigen ihm große Ehrerbietung. Sobald ein Streit unter ihnen entsteht, nimmt man ihn willig zum Schiedsrichter und fast immer gilt seine Entscheidung als Gesetz. Er geht wenig aus; jeden Nachmittag findet man ihn in einem Laden, der an sein Haus anstößt und sich nach der Straße öffnet. Das Mobiliar darin ist nicht reich: weißgetünchte Wände, eine kreisförmige Holzbank, einige Kissen, lange Pfeifen, zwei Kohlenbecken.... Hier giebt Sid'Omar Audienz, hier fällt er seine Urteile. Ein Salomo im Laden.

~

Heute zum Sonntag, ist der Besuch zahlreich. Ein Dutzend Häuptlinge kauern in ihren Burnussen rings um den Laden herum. Jeder von ihnen hat neben sich eine große Pfeife und eine kleine Tasse Kaffee in einem feinen Tassenhalter von Filigran. Ich trete ein, niemand rührt sich... Von seinem Platze aus schickt mir Sid'Omar sein gewinnendstes Lächeln entgegen und ladet mich mit einer Handbewegung ein, neben ihm auf einem großen Kissen von gelber Seide Platz zu nehmen; dann legt er den Finger auf die Lippen und fordert mich dadurch auf zuzuhören.

Der Fall ist folgender: – der Caïd der Beni-Zougzougs war mit einem Juden von Milianah wegen eines Stückes Land in Streit geraten. Die Parteien hatten sich dahin geeinigt, die Sache dem Sid'Omar zu unterbreiten und sich seinem Richterspruch zu unterwerfen. Der heutige Tag war zur Verhandlung anberaumt, alle Zeugen geladen. Plötzlich kommt da mein Jude, der anderen Sinnes geworden ist, allein, ohne Zeugen, um zu erklären, daß er die Sache lieber dem französischen Friedensrichter, als Sid'Omar zur Entscheidung vorzulegen gesonnen sei.... Das war der Stand der Angelegenheit bei meiner Ankunft.

Der Jude, alt, mit erdfahlem Barte, kastanienbraunem Gewande, blauen Strümpfen, Sammetkappe – hebt die Nase gen Himmel, rollt die flehenden Augen, küßt Sid'Omars Pantoffeln, neigt den Kopf, kniet nieder, faltet die Hände... ich verstehe das Arabische nicht, aber aus den Pantomimen des Juden, aus dem stets wiederkehrenden Worte: "Zouge de paix, zouge de paix," errate ich die ganze schöne Rede:

"Wir haben kein Mißtrauen gegen Sid'Omar; Sid'Omar ist weise, Sid'Omar ist gerecht; aber trotzdem glauben wir, daß der zouge de paix geeigneter ist, über unsere Sache zu entscheiden."

Die Zuhörer, entrüstet, bleiben gleichwohl unbeweglich wie Araber: sie sind ja Araber . . . . Auf sein Kissen gestreckt, das Auge feucht, die Bernsteinspitze zwischen den Lippen, hört Sid'Omar lächelnd zu – die personifizierte Ironie. Plötzlich, mitten in seiner schönsten Redewendung wird der Jude durch ein kräftiges caramba! unterbrochen, das seinen Redefluß augenblicklich zum Stillstand bringt. Zugleich verläßt ein spanischer Ansiedler, welcher als Zeuge für den Caïd gekommen ist, seinen Platz, tritt an Ischariot heran und schüttet über sein Haupt einen ganzen Korb voll Verwünschungen aus von allen Sprachen, von allen Farben – unter anderen auch ein französisches Wort, zu grob um hier wiederholt zu werden . . . . Der Sohn Sid'Omars, der Französisch versteht, errötet, ein solches Wort in Gegenwart seines Vaters anzuhören und verläßt den Laden. – Dieser Zug arabischer Erziehung ist jedenfalls beachtenswert. – Die Zuhörer sind immer noch unbeweglich, Sid'Omar lächelnd. Der Jude hat sich erhoben und sucht rückwärts die Thür zu gewinnen, zitternd vor Furcht, aber beständig sein ewiges zouge de paix, zouge de paix hervorstoßend . . . . Er verläßt den Laden. Der Spanier stürzt wütend hinter ihm drein, erreicht ihn auf der Straße und klitsch, klatsch! schlägt ihn zweimal gerade ins Angesicht . . . . Ischariot fällt auf die Kniee, die Arme gekreuzt . . . Der Spanier, ein wenig beschämt, kehrt in den Laden zurück . . . . Sobald er hinein ist, erhebt sich der Jude und läßt einen tückischen Blick über die buntscheckige Menge gleiten, die ihn umgiebt. Es giebt da Leute von jeder Hautfarbe – Malteser, Mahoneser, Neger, Araber – alle eins in dem Hasse gegen die Juden und voll Freude, einen von ihnen mißhandelt zu sehen . . . . Ischariot zögert einen Augenblick, dann faßt er einen Araber am Saume seines Burnus:

"Du hast's gesehen, Achmed, du hast's gesehen . . . du warst da . . . Der Christ hat mich geschlagen . . . du wirst es bezeugen . . . ja . . . ja . . . du wirst es bezeugen."

Achmed macht seinen Burnus los und stößt den Juden zurück . . . Er weiß nichts, er hat nichts gesehen: gerade in dem Augenblicke hatte er den Kopf weggewendet . . . .

"Aber du, Kaddour, du hast's gesehen . . . du hast gesehen, daß der Christ mich schlug . . ." ruft der unglückliche Ischariot einem dicken Neger zu, der eben im Begriff ist, eine Feige aus der Berberei zu verspeisen.

Der Neger spuckt zum Zeichen der Verachtung aus und entfernt sich, er hat nichts gesehen .... Ebensowenig hat der kleine Malteser etwas gesehen, dessen kohlschwarze Augen boshaft unter seiner Mütze hervorleuchten; auch sie hat nichts gesehen, die Mahonese mit dem braunroten Teint, die lachend davonläuft, ihren Korb mit Granatäpfeln auf dem Kopfe ...

Der Jude mag schreien, bitten, sich zerarbeiten – er findet keinen Zeugen! Niemand hat etwas gesehen .... Zum Glück kommen in diesem Augenblicke zwei seiner Glaubensgenossen durch die Straße, demütig die Mauern entlang schleichend. Der Jude redet sie an:

"Schnell, schnell, meine Brüder! Schnell zum Geschäftsagenten! Schnell zum zouge de paix! ... Ihr habt's gesehen ... ihr habt gesehen, daß man mich armen alten Mann geschlagen hat."

Ob sie es gesehen haben! ... Ich glaube es wohl.

.... Große Aufregung in Sid'Omars Laden .... Der Kaffeeschenk füllt die Tassen, zündet die Pfeifen wieder an. Man plaudert, man lacht. Es ist ja so belustigend, einen Juden prügeln zu sehen! ... Mitten im lärmenden Jubel und Tabaksqualm gehe ich leise nach der Thür; ich habe Lust, ein wenig im Lager Israels herumzustreifen, um zu erfahren, wie die Glaubensgenossen Ischariots den Schimpf aufgenommen haben, den man ihrem Bruder angethan hat ...

"Komm diesen Abend mit mir speisen, Moussiou," ruft mir der gute Sid'Omar nach.

Ich nehme an, ich danke und draußen bin ich.

Im Judenquartier ist alle Welt auf den Beinen. Die Sache macht schon großen Lärm. Die Läden stehen leer. Sticker, Schneider, Sattler – ganz Israel ist auf der Straße .... Die Männer – in Sammetmützen und blauen Leinenstrümpfen – laut gestikulierend in Gruppen .... Die Frauen, blaß, aufgedunsen, steif wie Götzenbilder von Holz in ihren flachen Kleidern mit goldenem Bruststück, das Gesicht durch schwarze Bänder eingerahmt, gehen schnatternd von einer Gruppe zur andern. In dem Augenblicke, wo ich ankomme, geht eine große Bewegung durch die Menge. Man eilt, man stürzt durcheinander . . . . Gestützt auf seine Zeugen geht der Jude – der Held dieses Abenteuers – durch zwei Reihen von Sammetkappen hindurch, unter einem wahren Regen von Ermahnungen:

"Räche dich, Bruder, räche uns, räche das jüdische Volk! Fürchte dich nicht: du hast das Gesetz für dich."

Ein abscheulicher Zwerg, nach Pech und altem Leder riechend, nähert sich mir mit kläglicher Miene und schweren Seufzern:

"Du siehst!" sagte er zu mir. "Wir armen Juden! wie man uns behandelt! Es ist ein Greis! Sieh, sie haben ihn beinahe tot geschlagen!"

In der That sieht der arme Ischariot mehr tot, als lebend aus. Er geht an mir vorüber – das Auge erloschen, das Gesicht eingefallen . . . er geht nicht, er schleppt sich nur mühsam fort . . . . Eine starke Entschädigung ist allein imstande ihn zu heilen. Man führt ihn auch nicht zum Arzte, man führt ihn zu dem Geschäftsagenten.

~

Es giebt viele Geschäftsagenten in Algerien, fast so viele als Heuschrecken. Das Geschäft ist gut, wie es scheint. Auf alle Fälle hat es den Vorzug, daß man dasselbe jederzeit ergreifen kann, ohne Examen, ohne Kaution, ohne Probezeit. Wie man in Paris ein Litterat wird, so wird man in Algerien ein Geschäftsagent. Es genügt dazu, ein wenig französisch, spanisch, arabisch zu wissen, stets ein Gesetzbuch zur Hand zu haben und vor allen Dingen, das nötige Temperament zu besitzen.

Die Funktionen des Agenten sind sehr verschieden: abwechselnd Anwalt, Sachwalter, Mäkler, Sachverständiger, Dolmetscher (Übersetzer), Buchhalter, Kommissionär, öffentlicher Schreiber, ist er der Meister Jaques der Kolonie, nur besaß Harpagon einen einzigen Meister Jaques, während die Kolonie deren mehr hat, als sie braucht. In Milianah allein zählt man sie schon nach Dutzenden. Um die Bureaukosten zu ersparen, empfangen diese Herren ihre Klienten gewöhnlich im Kaffeehause des großen Platzes und erteilen ihre Konsultationen – geben sie solche wirklich? – bei einem Gläschen Absinth.

Nach dem Kaffeehause des großen Platzes ist es denn auch, nach welchem der würdige Ischariot, die zwei Zeugen zur Seite, sich auf den Weg macht.

Wir wollen ihnen nicht folgen.

~

Beim Verlassen des Judenviertels gehe ich am Hause des arabischen Bureaus vorüber. Mit seinem Schieferdache und der französischen Fahne, die darüber weht, könnte man dasselbe für eine Dorfmairie halten. Ich kenne den Dolmetscher; treten wir ein, um eine Cigarette mit ihm zu rauchen. Von Cigarette zu Cigarette, so werde ich es ja wohl fertig bringen, diesen trübseligen Sonntag ohne Sonne tot zu schlagen!

Der Hof vor dem Bureau ist mit Arabern in Lumpen angefüllt. Wohl ihrer fünfzig hocken hier längs der Mauer in ihren Burnussen. Dieses beduinische Vorzimmer, obwohl es in freier Luft liegt, duftet stark nach Menschenleder. Gehen wir rasch hindurch.... Im Bureau finde ich den Dolmetscher in lebhafter Verhandlung mit zwei großen Schreihälsen, die nur mit langen, schmierigen Decken bekleidet waren und mit wütenden Gebärden, ich weiß nicht welche Geschichte von einem gestohlenen Steigbügelriemen erzählten. Ich setze mich in einem Winkel auf eine Matte und sehe zu.... Eine hübsche Kleidung, diese Dolmetscheruniform; und wie der Dolmetscher von Milianah sie zu tragen weiß! Sie scheinen wie füreinander geschaffen! Die Uniform ist himmelblau mit schwarzer Einfassung und glänzenden Goldknöpfen. Der Dolmetscher ist blond, rosig, ganz lockig; ein hübscher blauer Husar voll Humor und Phantasie, ein wenig schwatzhaft – er spricht so viele Sprachen! – ein wenig Zweifler – er hat Renan gekannt in der orientalischen Schule – großer Freund des Sports, gleich heimisch im arabischen Bivouac, wie auf den Soireen des Unterpräfekten, besserer Masurkatänzer, und in der Zubereitung des Kuskus erfahrener, als irgend jemand. Um alles mit einem Worte zu sagen: ein Pariser;

das ist mein Mann und wundert euch nicht, daß die Damen für ihn schwärmten ... Als Dandy hat er einen einzigen Rivalen, den Sergeant des arabischen Bureaus. Dieser – mit seiner Tunika aus feinem Tuche und seinen Gamaschen mit Perlmutterknöpfen – wird von der ganzen Garnison beneidet und bringt sie fast zur Verzweiflung. Zum arabischen Bureau kommandiert, ist er vom gewöhnlichen Dienste dispensiert und zeigt sich beständig in den Straßen in weißen Handschuhen, frisch frisiert, mit großen Registern unter dem Arme. Man bewundert und fürchtet ihn. Er ist eine Autorität.

Entschieden, diese Geschichte von dem gestohlenen Steigbügelriemen droht sehr lang zu werden. Guten Abend! Ich will nicht auf das Ende warten. Im Fortgehen fand ich den ganzen Vorraum in Bewegung. Die Menge drängte sich um eine hohe, blasse, stolze Gestalt, die in einen schwarzen Burnus gehüllt war. Dieser Mann hatte sich vor acht Tagen im Zaccargebirge mit einem Panther herumgeschlagen. Der Panther war tot, hatte aber dem Manne die Hälfte des einen Armes abgerissen. Abends und morgens kommt er auf das arabische Bureau, um sich verbinden zu lassen, und jedesmal hält man ihn im Hofe fest, um ihn noch einmal seine Geschichte erzählen zu hören. Er spricht langsam, mit schöner, gutturaler Stimme. Von Zeit zu Zeit schlägt er den Burnus zurück und zeigt, gegen die Brust gebunden, seinen linken, mit blutigem Linnen umwickelten Arm.

~

Kaum bin ich auf der Straße, so bricht ein heftiges Gewitter los. Regen, Donner, Blitze, Scirocco ... Schnell, suchen wir ein Obdach! Ich laufe auf gut Glück in eine Thür hinein und gerade mitten in ein Nest von Zigeunern, die unter den Bogen eines maurischen Hofes lagert. Dieser Hof stößt an die Moschee von Milianah; er ist der gewöhnliche Zufluchtsort des mohammedanischen Auswurfs und führt den Namen "Hof der Armen".

Große, magere Windhunde, ganz mit Ungeziefer bedeckt, von bösartigem Aussehen streifen um mich herum. Mit dem Rücken gegen einen Pfeiler der Galerie gelehnt versuche ich gute Miene zum bösen Spiele zu machen und betrachte, ohne mit jemand zu reden, die Regentropfen, die von den farbigen Fliesen des Hofes abprallen. Die Zigeuner liegen in Haufen am Boden. Nahe bei mir singt eine junge, ziemlich schöne Frau, Hals und Beine nackt, dicke eiserne Ringe um Handgelenk und Knöchel, ein sonderbares Lied von drei melancholischen Tönen mit näselnder Stimme. Während des Gesangs stillt sie ein kleines nacktes Kind, dessen Haut wie rote Bronze aussieht, und mit dem freien Arme stößt sie Gerste in einem steinernen Mörser. Zuweilen überflutet der Regen, vom Sturme gepeitscht, die Beine der Mutter und den Körper des Kindes. Die Zigeunerin hat keine Acht darauf und fährt trotz des Sturms und Regens fort zu singen, das Kind zu tränken und die Gerste zu stoßen.

Das Gewitter läßt nach. Ich benutze eine Pause, beeile mich diesen Hof der Wunder zu verlassen und nehme meine Richtung nach Sid'Omars Diner; es ist Zeit ... Indem ich den großen Platz überschreite, begegne ich noch einmal meinem alten Juden. Er stütze sich auf seinen Geschäftsagenten; seine Zeugen gehen lustig hinter ihm her; eine Bande kleiner häßlicher Judenjungen macht Freudensprünge um sie her .... Alle Gesichter strahlen. Der Agent nimmt die Sache auf sich. Er wird bei dem Gerichte zweitausend Franken Schadenersatz beantragen.

~

Bei Sid'Omar ein prächtiges Diner. – Der Speisesaal geht auf einen eleganten maurischen Hof hinaus, wo zwei oder drei Springbrunnen plätschern .... Ein treffliches türkisches Mahl, das ich dem Baron Brisse empfehlen möchte. Unter andern Gerichten bemerke ich besonders Huhn mit Mandeln, Kuskus mit Vanille, Schildkröte à la viande – ein wenig schwer, aber mit köstlichem Haut goût – und Honigbiskuits, die man "Bissen des Kadi" nennt .... Als Wein, nichts als Champagner. Trotz des muhammedanischen Gesetzes trinkt Sid'Omar ein wenig davon – wenn nämlich die Diener den Rücken gewendet haben .... Nach dem Diner begeben wir uns in das Zimmer unseres Gastgebers, wo man uns Eingemachtes, Pfeifen und Kaffee vorsetzt. Das Möblement dieses Zimmers ist außerordentlich einfach: ein Diwan, einige Matten; im Hintergrunde ein großes, sehr hohes Bett, auf welchem kleine rote, mit Gold gestickte Kissen herumliegen ....

An der Wand hängt ein altes türkisches Gemälde, welches die Thaten eines gewissen Admirals Hamadi darstellt. Es scheint, daß man in der Türkei zu jedem Gemälde nur eine Farbe verwendet: dieses Gemälde ist der grünen Farbe gewidmet. Meer, Himmel, Schiffe, Admiral Hamadi selbst, alles ist grün, und was für ein Grün!....

Nach arabischer Sitte zieht man sich zeitig zurück. Nach genommenem Kaffee, nach gerauchter Pfeife wünsche ich meinem Wirte gute Nacht und überlasse ihn seinen Frauen.

~

Wo soll ich meinen Abend verbringen? Zum schlafen gehen ist es zu früh; die Trompeten der Spahis haben noch nicht den Zapfenstreich geblasen. Außerdem tanzen die kleinen Goldkissen Sid'Omars um mich herum so phantastische Farandolen, daß ich doch nicht schlafen würde ... Da bin ich am Theater, gehen wir ein wenig hinein.

Das Theater von Milianah ist ein altes Fouragemagazin, das man, so gut es eben gehen wollte, in einen Theatersaal umgewandelt hat. Große Zuglampen, die man in den Zwischenakten mit Öl füllt, thun die Dienste der Kronleuchter. Das Parterre muß stehen, das Orchester sitzt auf Bänken. Die Galerien sind stolz, weil sie Strohstühle haben ... Rings um den Saal läuft ein langer, dunkler Gang, ohne Parkett, ohne Dielen, ohne Fliesen. Man könnte sich auf der Straße glauben, nichts fehlt daran ... Zu meiner großen Überraschung sind die Schauspieler gar nicht übel, ich spreche von den Männern; sie haben Leben, Feuer .... Fast alle sind Dilettanten, Soldaten vom dritten; das Regiment ist stolz darauf und kommt jeden Abend, um ihnen zu applaudieren.

Was die Frauen anlangt! ... das ist noch und wird stets jenes ewige weibliche Personal der kleinen Provinzialtheater sein, anspruchsvoll, übertrieben und falsch ... Doch giebt es unter diesen Damen zwei, die mich interessieren, zwei Jüdinnen von Milianah, sehr junge Mädchen, die zum erstenmal antreten .... Die Eltern sind im Saale und scheinen entzückt. Sie haben die Überzeugung, daß ihre Töchter bei diesem Geschäftchen da viele Tausende von harten Thalern gewinnen werden. Die Legende von der Jüdin Rachel, der Millionärin und Komödiantin ist bereits unter den Juden des Orients verbreitet.

Nichts komischer und rührender, als diese beiden kleinen Jüdinnen auf den Brettern. Schüchtern halten sie sich in einem Winkel der Bühne, gepudert, geschminkt, dekolletiert und ganz steif. Sie frieren und schämen sich. Von Zeit zu Zeit kauderwelschen sie eine Phrase, ohne sie zu verstehen und während sie sprechen, blicken ihre großen hebräischen Augen ausdruckslos in den Saal.

~

Ich verlasse das Theater. Mitten aus dem Dunkel, das mich umgiebt, höre ich in einem Winkel des Platzes heftiges Schreien... Ohne Zweifel einige Malteser, die eben im Zuge sind, sich einander mit Messerstichen verständlich zu machen

Ich kehre langsam, die Wälle entlang, nach dem Hotel zurück. Herrliche Gerüche von Orangen und Thymian steigen von der Ebene herauf. Die Luft ist weich, der Himmel fast rein... Da unten, am Ende des Wegs erhebt sich gespenstisch eine Mauer, die Trümmer irgend eines alten Tempels. Diese Mauer ist heilig: alle Tage kommen die arabischen Frauen, um daran Votivgeschenke aufzuhängen, Fragmente von Haïks und von Foutas, lange Flechten braunroter Haare, durch Silberfäden zusammengebunden, Stücken von Burnussen.... Alles das flattert in dem lauwarmen Hauche der Nacht, beleuchtet von dem schwachen Strahle des jungen Mondes.

Die Heuschrecken.

Noch eine Erinnerung an Algerien und dann kehren wir zu der Mühle zurück...

Die Nacht nach meiner Ankunft auf dem Meierhofe du Sahel konnte ich nicht schlafen. Das neue Land, die Aufregung der Reise, das Heulen der Schakale, dann eine entnervende, drückende Hitze, ein vollständiges Ersticken, als wenn die Maschen des Moskitonetzes nicht einem Lufthauche Durchgang gestatteten ... Als ich beim Morgengrauen mein Fenster öffnete, schwamm ein schwerer, langsam fortschreitender, an den Rändern schwarz und rosa gefranzter Sommernebel in der Luft, wie eine Wolke von Pulverdampf über einem Schlachtfelde. Nicht ein Blatt bewegte sich und in den schönen Gärten, auf die ich herabsah, boten die auf den Abhängen in voller Sonnenglut sich ausbreitenden Weinreben, aus denen man die süßen Weine gewinnt, die in einem schattigen Winkel vor den Sonnenstrahlen behüteten Fruchtbäume Europas, die kleinen Orangen- und Mandarinenbäume in langen, mikroskopischen Reihen, alle denselben traurigen Anblick, die Unbeweglichkeit der Blätter, welche dem Ungewitter vorangeht. Selbst die Bananenbäume, diese großen, zartgrünen Rohrdickichte, sonst immer durch irgend einen Lufthauch bewegt, der ihre feine, leichte Wolle untereinander wirrt, standen schweigend aufrecht wie richtige Federbüsche.

Ich stand einen Augenblick in das Anschauen dieser wunderbaren Anpflanzung verloren, in welcher alle Baumarten der Welt vereinigt sind, von denen eine jede zu ihrer Zeit ihre Blüten und ihre Früchte giebt. Zwischen Getreidefeldern und Dickichten von Korkeichen leuchtete ein Wasserlauf, dessen Anblick in der erstickenden Hitze des Morgens etwas Erfrischendes hatte. Indem ich diesen Reichtum, diese Ordnung, diesen schönen Meierhof mit seinen maurischen Arkaden, seinen Terrassen, von blühendem Weißdorn beschattet, die Ställe und Schuppen rings umher bewunderte, dachte ich daran, daß diese braven Leute, als sie vor zwanzig Jahren sich in diesem Thale du Sahel ansiedelten, nichts als die elende Hütte eines Wegwärters und unkultiviertes, von Zwergpalmen und Mastixbäumen bedecktes Land fanden. Alles war zu schaffen, alles zu bauen. Jeden Augenblick Aufstände der Araber. Man mußte den Pflug verlassen, um sich mit der Flinte zu wehren. Dann Krankheiten, Augenleiden, Fieber, Mißernten, unsicheres Herumtappen der Unerfahrenheit, Kampf mit einer beschränkten, immer wechselnden Verwaltung. Welche Anstrengungen! Welche ermüdende Arbeit! Welche unaufhörliche Überwachung!

Noch jetzt, obgleich die schlechte Zeit vorüber und durch die langen Anstrengungen ein Vermögen erworben war, waren beide, Mann und Frau die ersten auf dem Meierhofe, die morgens das Bett verließen. In früher Morgenstunde hörte ich sie in den großen Küchen des Erdgeschosses gehen und kommen, um den Kaffee der Arbeiter zu überwachen. Bald ertönte eine Glocke und nach Verlauf eines Augenblicks waren die Arbeiter auf der Straße aufgestellt. Winzer aus der Bourgogne, kabylische Feldarbeiter in Lumpen, mahonesische Wallgräber mit nackten Beinen, Malteser, Leute aus Lucca – eine Sammlung der verschiedenartigsten Elemente, schwer zu regieren. Einem jeden von ihnen teilte der Besitzer des Hofs vor der Thüre mit kurzen, etwas rauh klingenden Worten seine zu erledigende Tagesarbeit mit. Als er dies beendigt hatte, erhob der brave Mann seinen Kopf und prüfte mit unruhiger Miene den Himmel. Als er mich am Fenster bemerkte, rief er mir zu:

"Schlechtes Wetter für den Ackerbau . . . da haben wir den Scirocco."

In der That, als die Sonne mehr und mehr am Himmel emporstieg, trafen uns Windstöße aus dem Süden, brennend heiß und erstickend, als wenn sie aus der Thür eines Backofens kämen, die sich abwechselnd öffnete und wieder schloß. Man wußte nicht, wohin man sich wenden, was man anfangen sollte. So verging der ganze Morgen. Wir tranken Kaffee auf den Matten der Galerie, ohne den Mut zu haben zu sprechen oder uns zu regen. Die an längere Leinen gebundenen Hunde streckten sich möglichst niedrig am Boden aus, um die Frische der Steinfliesen zu genießen. Bei dem Frühstück erholten wir uns ein wenig. Es war ein reiches und eigentümliches Frühstück. Es gab Karpfen, Forellen, Wildschwein, Igel, Butter von Staouëli, Wein von Crescia, indische Birnen, Bananen, eine Sammlung der verschiedenartigsten Gerichte, welche der uns umgebenden Natur völlig entsprach . . . . Man war im Begriff, sich von der Tafel zu erheben. Plötzlich erhob sich an der Glasthüre, die wir geschlossen hatten, um die Backofenhitze des Gartens von uns abzuhalten, ein entsetzliches Geschrei:

"Die Heuschrecken! Die Heuschrecken!"

Mein Wirt wurde ganz blaß, wie ein Mensch, dem man ein Unglück ankündigt. Wir eilten hinaus. Zehn Minuten lang gab es in der Wohnung, die eben noch so ruhig war, einen Lärm von eiligen Schritten, von verworrenen Stimmen. Aus dem Schatten der Vorplätze, wo sie eingeschlafen waren, stürzten die Diener hinaus und schlugen mit Stöcken, mit Gabeln, mit Dreschflegeln auf die Hausgeräte von Metall, die ihnen in die Hände fielen, auf kupferne Kessel, auf Becken, auf Pfannen, daß es laut schallte. Die Schäfer bliesen in ihre Hirtentrompeten. Andere hatten Seemuscheln oder Jagdhörner. Das machte einen entsetzlichen, mißtönenden Lärm, der jedoch noch von den scharfen "Hu! Hu! Hu!" der arabischen Frauen übertönt wurde, die aus einem benachbarten Duar herbeigeeilt waren. Oft genügt, wie es scheint, ein großer Lärm, eine große Erschütterung der Luft, um die Heuschrecken zu verjagen, sie am Niederlassen zu verhindern.

Aber wo waren sie denn, diese schrecklichen Geschöpfe? Am Himmel, der vor Hitze zitterte, sah ich nichts als eine Wolke, kupferfarben und dicht wie eine Hagelwolke, die am Horizont heraufstieg mit einem Geräusch, wie es ein starker Wind in den Tausenden von Zweigen eines Waldes hervorbringt. Das waren die Heuschrecken. Eine von der andern getragen durch die ausgestreckten dürren Flügel, bildeten sie eine zusammenhängende fliegende Masse und trotz unseres Geschreis und unserer sonstigen Anstrengungen näherte sich die Wolke immer mehr, indem sie einen unendlichen Schatten vor sich auf die Ebene warf. Bald war sie über unseren Köpfen; an den Rändern sah man eine Sekunde lang ein Ausfränzeln, einen Riß. Wie die ersten Tropfen eines Platzregens sonderten sich einige deutlich ab, dann barst die ganze Wolke und schüttete einen dichten Hagel von Insekten geräuschvoll herab. So weit das Auge reichte, waren alle Felder mit Heuschrecken bedeckt, mit gewaltigen Heuschrecken, so lang wie ein Finger.

Nun ging das Morden an. Das Zerdrücken und Zerquetschen machte ein Geräusch, wie wenn man frisches Stroh zertritt – eine häßliche Musik. Mit Eggen, mit Hacken, mit Pflügen wühlte man den lebendigen Boden um; je mehr man aber tötete, desto mehr schienen es zu werden. Schichtenweise krochen sie vorwärts, ihre langen Beine eingeklemmt; die obersten machten verzweifelte Sprünge und hüpften den zu der sonderbaren Arbeit angespannten Pferden an die Nasen. Die Hunde aus dem Meierhofe, die aus dem Duar rannten über die Felder, wälzten sich auf ihnen herum und zermalmten sie mit wahrer Wut. In diesem Augenblick kamen zwei Compagnien Turkos, die Trompeter voraus, den unglücklichen Ansiedlern zur Hilfe und das Morden nahm eine andere Gestalt an.

Anstatt die Heuschrecken zu zerdrücken, verbrannten die Soldaten dieselben, indem sie Pulver in langen Streifen auf sie ausschütteten und dasselbe anzündeten.

Müde vom Töten und des widerwärtigen Geruchs überdrüssig kehrte ich in das Haus zurück. Dort gab es aber fast ebensoviel Heuschrecken als draußen. Sie waren durch die Thüren, durch die Fenster, durch die Schornsteine eingedrungen. An dem Rande des Getäfels, in den schon halb angefressenen Vorhängen krochen sie herum. Sie fielen herab, sie flogen herum, sie kletterten an den weißen Wänden in die Höhe, einen riesigen Schatten hinter sich werfend, der ihre Häßlichkeit verdoppelte. Und immer dieser entsetzliche Geruch. Beim Mittagsessen war man genötigt auf das Wasser zu verzichten. Cisternen, Brunnen, Weiher, alles war verpestet. Abends hörte ich noch in meinem Zimmer, wo man doch ganze Massen von ihnen getötet hatte, das Krabbeln unter den Möbeln, und das Knistern der Flügeldecken, ähnlich dem Geräusch von Schoten, wenn sie in großer Hitze aufplatzen. Auch diese Nacht konnte ich nicht schlafen. Übrigens blieb auch alles rings um den Meierhof herum wach. Flammen liefen beständig am Boden hin von einem Ende der Ebene zum andern. Die Turkos waren noch immer beim Morden.

Am nächsten Morgen, als ich mein Fenster öffnete, wie am vorhergehenden Tage, waren die Heuschrecken fort; aber welche Verwüstung hatten sie zurückgelassen! Nicht eine Blume mehr, nicht ein Hälmchen Gras! Alles schwarz, abgefressen, verbrannt. Bananen-, Aprikosen-, Pfirsichen-, Mandarinenbäume waren nur noch an der Stellung ihrer Äste zu unterscheiden. Des beweglichen Laubes, das ihnen Reiz und Leben verleiht, waren sie beraubt. Man reinigte die Wasserplätze, die Cisternen. Überall gruben Arbeiter die Erde um, um die Eier zu töten, welche die Insekten zurückgelassen hatten. Jede Scholle wurde umgewendet und sorgfältig zerkleinert. Und das Herz zog sich zusammen beim Anblick der tausend und aber tausend saftstrotzenden weißen Lebenskeime, die zwischen den Krumen der fruchtbaren Erde enthalten waren . . .

Das Elixir des ehrwürdigen Vaters Gaucher.

"Trinken Sie das, Nachbar; Sie werden mir nachher sagen, ob es nicht gut ist."

Damit schenkte mir der Pfarrer von Graveson Tropfen für Tropfen mit der kleinlichen Sorgfalt eines Goldschmieds, der Perlen zählt, zwei Fingerhüte einer grünen, goldigen Flüssigkeit ein. Wie das funkelte, wie das wärmte!.... Ganz vortrefflich! Es war, als hätte mir die Sonne in den Magen geschienen.

"Das ist der Heiltrank des Vaters Gaucher, die Freude und die Gesundheit unserer Provence," sagte der brave Mann mit triumphierender Miene; "man fabriziert ihn im Kloster der Prämonstratenser, zwei Stunden von Ihrer Mühle.... Ist er nicht wenigstens ebensoviel wert, wie alle Chartreusen der Welt?... Und wenn Sie wüßten, wie ergötzlich die Geschichte dieses Elixirs ist! Doch hören Sie!..."

Damit begann der Abbé, mir die Geschichte der Erfindung zu erzählen. Es war in dem Speisesaal des Pfarrhauses, diesem stillen, friedlichen Asyl, an dessen Wänden die Leidensgeschichte Christi in kleinen Bildern dargestellt war und dessen helle Vorhänge so steif gestärkt waren, wie Chorhemden. Die Geschichte hat einen kleinen Beigeschmack von Skepsis, etwa wie eine Erzählung des Erasmus; aber sie wurde ganz naiv und ohne jedes Arg vorgetragen.

~

Es sind nun zwanzig Jahre her, da waren die Prämonstratenser oder, wie unsre Provençalen sie nennen, die weißen Väter in großes Elend geraten. Hätten Sie zu jener Zeit ihr Haus gesehen, so würde der Anblick sicher Ihr Mitleid erregt haben.

Die große Mauer, der Pacomiusturm zerfielen in Trümmer. Rings um das Kloster, in welchem das Unkraut wucherte, hatten die Säulen große

Risse und die Heiligen von Stein senkten sich in ihren Nischen. Kein Kirchenfenster stand senkrecht, keine Thüre schloß. In den Kreuzgängen, in den Kapellen sauste der Wind des Rhône wie in Camargue, löschte die Kerzen aus, zerbrach die Bleifassungen der Fensterscheiben, blies das Wasser aus den Weihkesseln. Aber das traurigste von allen war der Glockenturm des Klosters. In ihm herrschte ein Schweigen, wie in einem leeren Taubenschlage und die Väter waren, da sie kein Geld hatten, um eine Glocke zu kaufen, genötigt, den Beginn der Messen durch Klappern aus Mandelholz zu verkünden....

Die armen weißen Väter! Ihre einzige Nahrung waren Orangen und Wassermelonen. Ich sehe sie noch, blaß und abgemagert in der Fronleichnamsprozession traurig vorüberziehn in ihren gestickten Kutten und hinter ihnen Seine Gnaden den Abt, der gesenkten Hauptes einherschritt, weil er sich schämte, sein Kreuz, von dem das Gold abgekratzt war und seine von Würmern zerfressene weißwollene Mitra der Sonne zu zeigen. Die Damen der Brüderschaft weinten aus Mitleid darüber in dem Zuge und die dicken Fahnenträgerinnen kicherten untereinander ganz leise, indem sie auf die armen Mönche zeigten:

"Die Stare werden mager, wenn sie in Scharen ziehen."

Thatsache ist, daß die unglücklichen weißen Väter selbst dahin gekommen waren, sich zu fragen, ob sie nicht besser thun würden in die Welt hinaus zu fliegen und Futter zu suchen, wo ein jeder es finden könne.

Als nun eines Tags diese schwierige Frage in dem Kapitel verhandelt wurde, meldete man dem Prior, daß Bruder Gaucher darum bitte, bei der Beratung gehört zu werden.... Sie müssen wissen, daß dieser Bruder Gaucher der Kuhhirt des Klosters war, das heißt, daß er seine Tage damit zubrachte, sich von einem Schwibbogen des Klosters zum andern zu wälzen und zwei schwindsüchtige Kühe vor sich her zu treiben, die das zwischen den Fliesen hervorsprießende Unkraut abweideten. Bis zu seinem zwölften Jahre war er von einer alten verrückten Person aus dem Lande des Baux erhalten worden, welche man Tante Bégon nannte, dann hatten ihn die Mönche aufgenommen. Der unglückliche Kuhhirt hatte nie Gelegenheit gehabt, etwas anders zu lernen, als sein Rindvieh zu hüten und sein

Vaterunser herzubeten, und zwar das letzte nur in provençalischer Mundart, denn er hatte ein verknöchertes Gehirn und einen Verstand so scharf, wie ein stumpfes Messer. Im übrigen war er ein eifriger Christ, wenn auch ein wenig Schwärmer, befand sich wohl unter seinem härenen Gewande und applizierte sich die Geißel aus innerster Überzeugung ... Und was hatte er für Arme!

Als man ihn in den Kapitelsaal eintreten sah, einfach und tölpelhaft, zum Gruße der Versammlung das eine Bein nach hinten ziehend, brach die ganze Versammlung – Prior, Chorherren, Mönche – in Gelächter aus. Das war übrigens stets der Effekt, den dieses gutmütige Gesicht mit seinem Ziegenbarte und seinen wässerigen, ein wenig dummen Augen machte, es mochte sich zeigen, wo es wollte. Bruder Gaucher war daran gewöhnt und machte sich nichts daraus.

"Meine ehrwürdigen Väter," sprach er in gutmütigem Tone, indem er seinen Rosenkranz aus Olivenkernen zusammendrehte, "man hat wohl recht, wenn man sagt, daß leere Fässer am besten singen. Ich habe meinen Kopf, der ohnehin ziemlich leer ist, noch ein bißchen angebohrt. Und denken Sie sich: ich glaube, ich habe ein Mittel gefunden, uns alle aus der Not zu erretten."

"Hören Sie, wie. Sie werden sich der Tante Bégon erinnern, der braven Frau, die mich behütete, als ich klein war.(Gott sei ihr gnädig, der alten Hexe! Was sang sie für abscheuliche Lieder, wenn sie getrunken hatte.) Nun will ich Ihnen sagen, meine ehrwürdigen Väter, daß Tante Bégon bei ihren Lebzeiten sich auf die Kräuter des Gebirges verstand ebensogut und besser, als so ein alter korsischer Windbeutel. Und kurz vor ihrem Ende hatte sie einen ganz wundervollen, unvergleichlichen Heiltrank zusammengesetzt, indem sie fünf oder sechs Kräuter mischte, die wir dann zusammen kochten. Das ist freilich schon eine lange Reihe von Jahren her; aber ich denke, daß ich mit Hilfe des Heiligen Augustin und mit der Erlaubnis unseres ehrwürdigen Abts die Zusammensetzung des geheimnisvollen Tranks wieder finden könnte, wenn ich recht suche. Dann hätten wir weiter nichts zu thun, als ihn auf Flaschen zu füllen und ihn ein bißchen teuer zu verkaufen. Das würde uns dazu verhelfen, uns allmählich zu bereichern, so wie es unsre Brüder gemacht haben, die von la Trappe und die von la Grande...."

Er hatte keine Zeit, den Satz zu Ende zu bringen. Der Prior hatte sich erhoben und warf sich an seine Brust. Die Chorherren faßten ihn bei den Händen. Der Schatzmeister war noch mehr gerührt, als alle die andern und küßte ihm achtungsvoll den ausgefransten Rand des Skapuliers.... Dann kehrte ein jeder zu seinem Sitze zurück und das Kapitel beschloß nach Wiedereröffnung der Sitzung, daß die Kühe fortan dem Bruder Thrasybulos anvertraut werden sollten, damit Bruder Gaucher sich ganz der Aufgabe widmen könne, die Zusammensetzung seines Elixirs wieder aufzufinden.

~

Wie es der gute Bruder anfing, das Rezept der Tante Bégon wieder zu finden? Welche Anstrengungen, welche Nachtwachen es erforderte, dies Ziel zu erreichen? Davon schweigt die Geschichte. So viel aber ist sicher, daß schon nach Verlauf eines halben Jahres das Elixir der weißen Väter sehr verbreitet war. In der ganzen Grafschaft, in dem ganzen Gebiet von Arles gab es nicht einen Meierhof, in dessen Speisekammer nicht zwischen den Flaschen mit Wein und den Krügen mit Oliven ein kleines, braunes, irdenes, mit dem Wappen der Provence verschlossenes Gefäß gestanden hätte, dessen Silberetikette einen Mönch in Entzückung zeigte. Dank dem Rufe seines Elixirs wurde das Kloster der Prämonstratenser sehr schnell reich. Man baute den Turm des Pacomius wieder auf. Der Prior bekam eine neue Mitra, die Kirche hübsche neue Fenster und an einem schönen Ostermorgen erklang von der feinen Spitze des Glockenturms ein ganzes Heer von Glocken und Glöckchen.

Von dem Bruder Gaucher, dem armen Laienbruder, dessen Plumpheit das Kapitel so sehr ergötzt hatte, war im Kloster nicht mehr die Rede. Man kannte fortan nur noch den ehrwürdigen Vater Gaucher, einen Mann von Geist und großen Kenntnissen, der den so kleinlichen und so vielfachen Beschäftigungen des Klosters vollständig fern blieb und sich den ganzen Tag in seiner Destillation einschloß, während dreißig Mönche das Gebirge durchstreiften, um für ihn duftende Kräuter zu sammeln ... Diese Destillation, in welche niemand, selbst nicht der Prior, Zutritt hatte, war eine alte verlassene Kapelle ganz am Ende des Gartens der Chorherren. Die Einfalt der guten Väter hatte daraus etwas Geheimnisvolles und Furchtbares gemacht, und wenn durch Zufall ein neugieriges und beherztes Mönchlein, an den hinaufragenden Weinstöcken sich anklammernd, bis an die Rose über der Thür gelangte, so purzelte es gewiß recht schnell herunter, wenn es zu seinem Entsetzen den Pater Gaucher mit seinem Nekromantenbarte über seine Ofen gebeugt, mit der Spirituswage in der Hand erblickte, und rings um ihn herum Retorten von rotem Sandstein, mächtige Destillierkolben, Schlangenröhren von Krystall, die spukhaft durch die roterleuchteten Kirchenfenster blitzten ....

Kam der Abend heran und läutete man zum letzten Angelus, so öffnete sich leise die Thür des geheimnisvollen Gemachs und der ehrwürdige Vater begab sich nach der Kirche zum Abendgottesdienst. O, welcher Empfang ward ihm zu teil, wenn er das Kloster durchschritt! Die Brüder stellten sich in zwei Reihen auf, um ihn hindurch zu lassen. Man sagte:

"Still! ... er hat das Geheimnis! ..."

Der Schatzmeister folgte ihm und sprach zu ihm mit gesenktem Haupte .... Und mitten durch diese Huldigungen schritt der Ehrwürdige hindurch, den Schweiß von seiner Stirne trocknend, die breitrandige Kopfbedeckung nach hinten gesetzt, so daß sie einem Heiligenscheine gleich das Haupt umgab, und wohlgefällig um sich blickend auf die großen, mit Orangenbäumen besetzten Höfe, auf die blauen Schieferdächer, auf denen sich neue Wetterfahnen drehten und auf die in neue Gewänder gehüllten Chorherren, die mit würdiger Miene paarweise zwischen den zierlichen Säulen des glänzend wiederhergestellten Klosters wandelten.

"Alles das verdanken sie mir," sagte sich dann der Ehrwürdige und bei diesem Gedanken bemächtigte sich seiner jedesmal eine Anwandlung von Stolz. Doch dafür wurde der arme Mann schwer bestraft, wie Sie sofort sehen werden ...

~

Eines Abends während des Gottesdienstes kam er in außerordentlich erregtem Zustande in die Kirche: rot, außer Atem, die Kappe verkehrt und so zerstreut, daß er statt der Fingerspitzen die ganzen Arme bis zum Ellbogen in das Weihwasser tauchte. Anfangs glaubte man, er sei über seine eigne Verspätung aufgeregt; als man aber sah, wie er der Orgel und den Emporen tiefe Verbeugungen machte, anstatt sich vor dem Hauptaltar zu verneigen, wie er mit Sturmeseile von einer Seite der Kirche zur andern lief, dann fünf Minuten lang den Chor durchirrte, um seinen Sitz zu suchen, endlich, nachdem er sich gesetzt, nach rechts und links sich mit glückseligem Gesicht verbeugte, da durchlief ein Murmeln des Erstaunens alle drei Kirchenschiffe und von Brevier zu Brevier murmelte man:

"Was hat nur unser Pater Gaucher? . . . Was hat nur unser Pater Gaucher?"

Zweimal ließ der Prior vor Ungeduld seinen Krummstab auf die Fliesen fallen, um Ruhe zu gebieten . . . . Da unten im Hintergrunde des Chors fuhr man fort die Psalmen zu singen, aber die entsprechenden Responsorien blieben aus . . .

Plötzlich, mitten im Ave verum, da sieh! da dreht sich mein Vater Gaucher in seinem Chorsitz um und fängt mit schmetternder Stimme zu singen an:

Ein weißer Vater in Paris, Hopsasa, trallala! . . .

Allgemeine Bestürzung. Alles erhebt sich. Man ruft:

"Schafft ihn fort . . . er ist besessen!"

Die Chorherren bekreuzigen sich. Der Krummstab Seiner Gnaden müht sich vergebens ab . . . . Vater Gaucher sieht nichts, hört nichts und zwei kräftige Mönche müssen ihn durch die kleine Pforte des Chores fortschaffen, wobei er sich wie ein Besessener wehrt und fort und fort sein "Hopsasa, trallala" erschallen läßt.

~

Am andern Morgen bei Tagesanbruch kniete der Unglückliche im Oratorium des Priors und beichtete unter einem Thränenstrom:

"Das Elixir ist schuld, gnädiger Prior, das Elixir ist schuld," sagte er, indem er reuevoll an seine Brust schlug. Und der gute Prior, als er ihn so traurig, so reuevoll sah, war selbst ganz gerührt.

"Nun, nun, Vater Gaucher, beruhigen Sie sich, das alles wird vergehen, wie der Thau in der Sonne . . . Überdies ist das Ärgernis nicht so groß gewesen, als Sie denken. Allerdings war der Gesang ein wenig . . . . hm! hm! . . . Am Ende kann man hoffen, daß die Novizen ihn nicht gehört haben . . . Nun aber sagen Sie mir doch, wie die Sache eigentlich gekommen ist? . . . Als Sie das Elixir versuchten, nicht wahr? Sie werden wohl eine zu schwere Hand gehabt haben . . . Ja, ja, ich begreife . . . Es geht Ihnen wie dem Bruder Schwarz, dem Erfinder des Pulvers; Sie sind ein Opfer Ihrer Erfindung geworden . . . Und sagen Sie mir, mein braver Freund, ist es denn wirklich nötig, daß Sie das entsetzliche Elixir an sich selbst probieren?"

"Unglücklicherweise, ja, gnädiger Herr; die Spirituswage giebt mir wohl die Stärke, den Grad des Alkohols an; aber, was die Feinheit, was die Blume betrifft, da kann ich mich nur auf meine Zunge verlassen . . ."

"Ah! sehr gut . . . Aber hören Sie einmal, was ich sagen will . . . Wenn Sie also notwendigerweise das Elixir kosten müssen, schmeckt es Ihnen dann gut? Haben Sie daran Vergnügen? . . ."

"Ach! ja, gnädiger Prior," antwortete der unglückliche Vater und wurde dabei ganz rot . . . "Seit zwei Abenden hat es ein Bouquet, ein Aroma! . . . Aber, gewiß hat mir der Teufel diesen schlimmen Streich gespielt . . . Ich bin darum auch fest entschlossen, von jetzt an nur noch die Spirituswage anzuwenden. Schade ist es freilich, wenn dann der Liqueur nicht so fein ist, wenn er nicht so viel Blume hat . . . ."

"Thun Sie das ja nicht," unterbrach ihn lebhaft der Prior. "Man darf sich nicht dem aussetzen, daß die Kundschaft unzufrieden wird . . . . Alles, was

Sie jetzt zu thun haben, nachdem Sie wissen, was passieren kann, ist, daß Sie sich gehörig in acht nehmen . . . . Sagen Sie einmal, wie viel müssen Sie haben, um Ihr Urteil fällen zu können? . . . fünfzehn oder zwanzig Tropfen, nicht wahr? . . . . Sagen wir zwanzig Tropfen . . . . Der Teufel müßte sehr pfiffig sein, wenn er Ihnen bei zwanzig Tropfen etwas anhaben wollte . . . . Übrigens will ich, um jedem Zufall vorzubeugen, Sie fortan davon dispensieren, in die Kirche zu kommen. Sie werden Ihren Gottesdienst in der Destillation halten . . . Und nun, mein Vater, gehen Sie in Frieden und vor allem . . . zählen Sie Ihre Tropfen gut."

Ach! Der arme Pater hatte gut seine Tropfen zählen . . . der Teufel hatte ihn einmal beim Kleide und ließ ihn nicht wieder los.

Was für sonderbare Gottesdienste waren das, welche die Destillation anzuhören bekam!

~

Am Tage ging noch alles gut. Der Pater war ruhig, er setzte seine Kohlenbecken, seine Destillierkolben in den gehörigen Stand, las sorgfältig seine Kräuter aus, alles feine, von der Sonne der Provence gezeitigte Kräuter . . . . Aber abends, wenn die Kräuter ausgezogen waren, wenn das Elixir in großen Kesseln aus rotem Kupfer sich abkühlte, da fing die Qual des armen Mannes an.

"Siebzehn . . . achtzehn . . . neunzehn . . . zwanzig! . . . ."

Die Tropfen fielen von dem Heber in den silbernen Becher. Diese zwanzig da verschluckte der Pater mit einem Zuge, fast ohne Vergnügen. Nur der einundzwanzigste erregte seine Begierde. O! dieser einundzwanzigste Tropfen! . . . Um der Verführung zu entfliehen, warf er sich am äußersten Ende des Laboratoriums auf die Knie und vertiefte sich in seine Vaterunser. Aber von der noch warmen Flüssigkeit stieg ein wenig Dampf empor, der nach ihm herüber zog, ihn umschwebte und durch seinen aromatischen Geruch ihn, er mochte wollen oder nicht, zu den Kesseln zurückzog. Die Flüssigkeit zeigte eine schöne, goldig grüne Farbe. Darüber gebeugt, mit weit geöffneten Nasenflügeln, rührte der Pater sie ganz sanft mit seinem Heber um und in den kleinen blitzenden Funken, welche in der smaragdfarbenen Flüssigkeit dabei erschienen, glaubte er die Augen der Tante Bégon zu erkennen, die bei seinem Anblick erglänzten und ihm zulachten:

"Warum zögern! noch einen Tropfen!"

Und von Tropfen zu Tropfen hatte der Unglückliche zuletzt seinen Becher bis zum Rande gefüllt. Alle Selbstbeherrschung war verloren. Er ließ sich in einen großen Lehnstuhl fallen und hingegossen, mit halb geschlossenen Augen schlürfte er seine Sünde in kleinen Schlückchen hinunter, indem er beständig mit wahrhaft köstlicher Zerknirschung vor sich hin murmelte:

"Ach! ich stürze mich in die ewige Verdammnis! . . ."

Das schrecklichste war, daß er, ich weiß nicht durch welche Zauberei, auf dem Grunde dieses teuflischen Elixirs alle schlechten Lieder der Tante Bégon wieder fand.

Sie können sich denken, wie beschämt er am nächsten Morgen war, als seine Zellennachbarn mit boshafter Miene ihm zuriefen:

"Eh, eh, Pater Gaucher, gestern Abend beim Schlafengehen hatten Sie ja Grillen im Kopfe."

Da gab es Thränen, Ausbrüche der Verzweiflung, Fasten, Büßerhemd und Geißel. Aber nichts wollte gegen den Dämon des Elixirs helfen und alle Abend zur selben Stunde nahm er wieder den armen Pater in Besitz.

~

Während dieser Zeit regnete es Aufträge an die Abtei von allen Seiten. Es war ein wahrer Segen. Es kamen solche von Nîmes, von Aix, von Avignon, von Marseille . . . Von Tag zu Tag nahm das Kloster mehr das Ansehen einer Fabrik an. Es gab Brüder Packer, Brüder Etikettierer, Brüder Rechnungsführer, Brüder Spediteure; der Dienst Gottes verlor wohl hier und da einige Glockenschläge, aber die armen Leute des Landes verloren nichts dabei, das kann ich Ihnen versichern . . . .

Und doch, eines schönen Sonntags morgens, als der Pater Schatzmeister eben im vollen Kapitel seinen Jahresabschluß vortrug, und die guten Chorherren denselben mit glänzenden Augen und lachenden Lippen anhörten, stürzte der Pater Gaucher mitten in die Versammlung und rief:

"Es ist aus . . . Ich mache keinen mehr . . . . Gebt mir meine Kühe wieder!"

"Was ist denn los, Pater Gaucher?" fragte der Prior, der eine gelinde Ahnung davon hatte, was los war.

"Was los ist, gnädiger Prior? – Das ist los, daß ich im besten Zuge bin, mir eine schöne Ewigkeit von höllischen Flammen und teuflischen Gabelstichen zu bereiten . . . . Das ist los, daß ich trinke, daß ich trinke wie ein Elender . . . ."

"Aber ich hatte Ihnen doch anbefohlen, Ihre Tropfen zu zählen."

"Ach ja! meine Tropfen zählen! Jetzt müßte man nach Bechern zählen . . . . Ja, ehrwürdige Väter, soweit ist es mit mir gekommen. Drei Fläschchen jeden Abend . . . Sie begreifen, daß das nicht so fortgehen kann . . . Lassen Sie also das Elixir machen, von wem Sie wollen . . . . Das Feuer des Himmels soll mich verbrennen, wenn ich mich wieder darum bekümmere!"

Da lachte das Kapitel nicht mehr.

"Aber, Unglücklicher, Sie richten uns zu Grunde!" schrie der Schatzmeister, indem er sein großes Buch hin und her bewegte.

"Ist es Ihnen etwa lieber, wenn ich mich um die ewige Seligkeit bringe?"

Da erhob sich der Prior.

"Ehrwürdige Väter," sprach er, indem er seine weiße Hand ausstreckte, an welcher der Hirtenring leuchtete, "es giebt ein Mittel, alles in Ordnung zu bringen . . . Nicht wahr, mein lieber Sohn, es ist abends, wo der Dämon Sie versucht? . . . ."

"Ja,. hochwürdiger Prior, regelmäßig abends ... Und darum, wenn ich die Nacht kommen sehe, da bricht bei mir, mit Respekt zu melden, der Schweiß aus, wie bei Capitous Esel, wenn er den Sattel kommen sah."

"Nun, beruhigen Sie sich .... Von jetzt an werden wir jeden Abend beim Nachtgottesdienst das Gebet des Heiligen Augustin beten, mit welchem voller Ablaß verbunden ist ... Damit sind Sie in Numero ›Sicher‹, was auch geschehen mag .... Es ist die Absolution während der Sünde."

"O dann ist's gut! Ich bedanke mich auch vielmals, gnädiger Herr Prior!"

Und ohne nach irgend etwas Weiteren zu fragen, kehrte Vater Gaucher zu seinen Destillierkolben zurück, so leicht wie eine Lerche.

In der That verfehlte von diesem Augenblick an der amtierende Geistliche keinen Abend, am Schluß der Gebete hinzuzufügen:

"Beten wir für unsern armen Pater Gaucher, der seine Seele den Interessen der Gemeinschaft opfert Oremus Domine ..."

Und während über alle diese weißen Kapuzen, die im Schatten der Kirchenschiffe niedergekniet waren, der Schauer des Gebetes hinlief, wie ein gelinder Nordwind über den Schnee, hörte man dort unten, ganz am Ende des Klosters, hinter den erleuchteten Fenstern der Destillation den Pater Gaucher, der aus voller Kehle sang:

Ein weißer Pater in Paris,
Hopsasa! Trallala!
Weiß nicht, wie der Pater hieß,
Hopsasa, Trallala!
Er ließ die Nonnen tanzen rund
In einem schönen Garten und
Hopsasa! ...

～

Hier hielt der gute Pfarrer plötzlich voll Entsetzen inne.

"Gottes Barmherzigkeit! Wenn meine Pfarrkinder das mit angehört hätten!"

In Camargue.
I.
Der Aufbruch.

Großer Lärm im Schlosse. Der Bote hat soeben den Auftrag des Jagdwärters halb französisch, halb provençalisch ausgerichtet, welcher ankündigt, daß bereits zwei oder drei schöne Flüge von "Galejons", von "Chavlottines" vorübergezogen sind und daß es auch an Vögeln nicht fehlt.

"Sie gehen mit uns!" haben mir meine liebenswürdigen Nachbarn geschrieben; und diesen Morgen bei Tagesanbruch, um fünf Uhr, hielt ihr großer Break, beladen mit Flinten, Hunden und Lebensmitteln, am Fuße des Abhanges, um mich abzuholen. Und nun rollen wir auf der Straße nach Arles, die ein wenig langweilig, ein wenig kahl ist, durch den Dezembermorgen, an dem das fahle Grün der Oliven kaum zu erkennen ist, das harte Land der Kermeseichen aber ein wenig zu winterlich und wie gemacht erscheint. In den Ställen beginnt es sich zu regen. Hier und da erglänzt schon Licht aus den Fenstern der Meierhöfe, deren Besitzer vor Tage aufgestanden sind, und zwischen den steinernen Zinnen der Abtei von Montmajour schlagen Adler, noch vom Schlafe umfangen, mit den Flügeln zwischen den Ruinen. Dennoch begegnen wir schon an den Gräben entlang alten Bäuerinnen, die auf ihren Eselchen zum Markte trotten. Sie kommen von Ville-des-Baux. Sechs große Stunden, um sich eine Stunde auf den Stufen des Heiligen Trophymus hinzusetzen und kleine Päckchen Heilkräuter zu verkaufen, die sie im Gebirge gesammelt haben! . . .

Sieh! da sind schon die Wälle von Arles; niedrige, mit Zinnen gekrönte Wälle, wie man deren auf alten Kupferstichen sieht, wo gewöhnlich mit Lanzen bewaffnete Krieger auf der Höhe der Böschungen erscheinen, die weniger hoch sind, als sie selbst. Wir durcheilen im Galopp diese wunderbare kleine Stadt, wohl eine der malerischsten Frankreichs, mit ihren abgerundeten, bis in die Mitte der engen Straßen reichenden Balkonen, mit ihren alten, schwarzen Häusern mit kleinen, gewölbten, maurischen Thüren, die an die Zeiten Wilhelms Kurznas und der Sarazenen erinnern. Um diese Stunde ist noch niemand draußen. Nur der Quai des Rhône ist belebt. Am Fuße der Treppe liegt das Dampfboot, welches nach la Camargue fährt, zur Abfahrt bereit. Wirtschafter in Röcken von roter Serge, Mädchen von la Roquette, die auf den Meierhöfen Dienste suchen wollen, besteigen mit uns das Verdeck, untereinander plaudernd und lachend. Die langen braunen Mäntel schützen die Mädchen vor der scharfen Morgenluft, der hohe arlesische Kopfputz läßt ihren Kopf elegant und klein erscheinen und mit einem allerliebsten Anfluge von Unverschämtheit richten sie sich empor, um Scherz oder Bosheit weiter zu geben . . . . Die Glocke ertönt; wir fahren ab. Mit der dreifachen Geschwindigkeit des Rhône, der Schraube, des Nordwinds fliegen wir an den Ufern vorüber. An der einen Seite la Crau, eine dürre, steinige Ebene, an der andern la Camargue, ebenfalls eine Ebene, aber viel grüner, die ihre mit kurzem Grase bewachsenen, von großen sumpfigen Rohrdickichten unterbrochenen Flächen bis zum Meere vorschiebt.

Von Zeit zu Zeit hält das Boot bei einer Fähre an, zur Linken oder zur Rechten, zur Reichsseite oder zur Königsseite, wie man im Mittelalter, zur Zeit des Königreichs von Arles sagte und wie die alten Rhôneschiffer noch heute sagen. Bei jeder Fähre ein weißer Meierhof, ein Bouquet von Bäumen. Die Arbeiter verlassen das Boot, mit ihrem Arbeitsgerät beladen; die Frauen, ihren Korb am Arme, gehen aufgerichtet den schmalen Steg hinüber. Nach der Reichs- und nach der Königsseite leert sich allmählich das Boot und als es an der Fähre der Meierei von Giraud anlegt, wo wir aussteigen, ist fast niemand mehr an Bord. Der Meierhof von Giraud ist eine alte Besitzung der Herren von Barbentane. Wir treten ein, um den Wildhüter zu erwarten, der uns abholen soll. In der hohen Küche sitzen alle Männer des Meierhofes, Arbeiter, Winzer, Schäfer und Schäferknechte am Tische, ernst und schweigsam. Sie essen langsam, bedient von den Frauen, die erst nach ihnen essen werden. Bald erscheint der Wildhüter mit dem Karriol. Das wahre Urbild eines Fenimoreschen Trappers zu Land und zu Wasser, Jagd- und Fischereiwächter. Die Leute der Umgegend nennen ihn Lou Roudeïrou (den Herumschleicher), weil man ihn stets in den Nebeln des aufgehenden oder des sinkenden Tags im Schilf verborgen auf dem Anstande sieht, oder unbeweglich in seinem kleinen Boote, damit beschäftigt, seine Fischreusen in den clairs (den Teichen) und den roubines (den Bewässerungsgräben) zu überwachen. Vielleicht ist es dieses Geschäft als ewiger Aufpasser, was ihn so schweigsam, so verschlossen macht. Indes, während das kleine Karriol, mit den Flinten und den Körben beladen, vor uns her fährt, erstattet er uns Bericht über die Jagd, über die Zahl der Flüge, über die Orte, wo die Zugvögel sich niedergelassen haben. So plaudernd dringen wir immer tiefer in das Land ein.

Nachdem wir die kultivierten Ländereien passiert haben, sind wir nun mitten in der wilden Camargue. Soweit das Auge reicht, schimmern zwischen den Weideplätzen Sümpfe und Bewässerungsgräben, von Salzpflanzen umgeben. Gruppen von Tamarisken und Rohrdickichte wogen auf und ab, wie ein ruhiges Meer. Nirgends ein hoher Baum. Der eintönige, unendliche Anblick der Ebene wird durch nichts unterbrochen. In größeren Entfernungen voneinander breiten Pferche ihre niedrigen, fast bis zur Erde reichenden Dächer aus. Die zerstreuten Herden, in die Salzpflanzen gelagert oder um den braunroten Mantel des Hirten geschart, verschwinden fast in der unendlichen Ausdehnung des blauen Horizonts und vermögen kaum die lange gleichförmige Linie zu unterbrechen. Wie das Meer, welches trotz der unendlichen Menge der Wogen einförmig erscheint, so erregt diese Ebene ein Gefühl der Einsamkeit, der Unendlichkeit, welches noch gesteigert wird durch den Nordwestwind, der unaufhörlich, ungehindert bläst und der durch seinen mächtigen Hauch das Land zu ebnen, zu vergrößern scheint. Alles beugt sich vor ihm. Die kleinsten Stauden bewahren die Spuren seines Hauchs und bleiben gekrümmt, nach Süden gekehrt, wie auf ewiger Flucht vor ihm ....

II.
Die Hütte.

Ein Dach von Schilf, Wände von trocknem, gelben Schilf, das ist die Hütte. Sie ist unser Jagdsammelplatz. Abbild eines Hauses der Camargue, besteht die Hütte aus einem einzigen, hohen, weiten Raume ohne Fenster, welcher sein Licht durch eine Glasthür bekommt, die man abends durch Läden schließt. An den ganzen, langen, geweißten Wänden hin erwarten Hakenleisten die Flinten, Jagdtaschen, Wasserstiefeln. In der Mitte stehen fünf oder sechs Lagerstätten um einen wahren Mastbaum herum, der vom Boden bis zum Dache reicht und letzterem als Stütze dient. Nachts, wenn der Nordwind weht und das Gebäude an allen Enden kracht, wenn das ferne Meer braust und der Wind dieses Brausen herüberträgt, verlängert und verstärkt, könnte man sich in die Kabine eines Schiffes versetzt glauben.

Aber namentlich nachmittags ist die Hütte reizend. Während der schönen Tage unseres südlichen Winters liebe ich es, ganz allein neben dem hohen Kamine zu bleiben, in welchem ein paar Tamariskenwurzeln rauchen. Unter den Stößen des Nordwestwindes oder des Nordwindes fliegt die Thüre auf, kreischt das Schilf und alle diese Stöße sind nur ein winziges Echo der großen Erschütternden der Natur, die mich umgiebt. Die Wintersonne, von dem gewaltigen Luftstrome gepeitscht, löst sich in einzelne Strahlen auf, sammelt sie wieder und zerstreut sie von neuem. Große Schatten laufen unter einem wundervoll blauen Himmel dahin. Das Licht kommt stoßweise an, auch die Geräusche; und die Glöckchen der Herden, jetzt plötzlich gehört, dann im Winde verloren und vergessen, kehren wieder und singen unter der erschütterten Thür ihren lieblichen Kehrreim ... Die schönste Zeit, das ist die Zeit der Dämmerung, kurz bevor die Jäger zurückkehren. Dann hat sich der Wind beruhigt. Ich trete einen Augenblick hinaus. Friedlich schwebt die große, rote Sonnenscheibe hinab, leuchtend ohne zu wärmen. Die Nacht sinkt und streift dich im Vorübergehen mit ihrem schwarzen, feuchten Flügel. Dort unten, dicht am Boden in weiter Ferne blitzt ein Gewehrschuß auf wie ein roter Stern und verschwindet wieder in der Nacht, die seinen Glanz erhöhte. Je weniger vom Tage übrig ist, desto mehr hastet das Leben. Ein Zug Enten, in langem

Dreieck geordnet, fliegt sehr niedrig, als wenn er sein Nachtlager aufschlagen wollte. Da wird in der Hütte ein Licht angezündet. Die Ente an der Spitze des Zuges wendet den Hals, steigt wieder empor und die andern folgen ihr nach mit wildem Geschrei.

Nun nähert sich ein unendliches Getrippel; es gleicht dem Geräusch eines tüchtigen Platzregens. Tausende von Schafen, von den Schäfern zurückgeführt, getrieben von den Hunden, deren unregelmäßigen Galopp, deren keuchenden Atem man hört, drängen sich nach ihrem Pferch, furchtsam und ohne Ordnung. Ich werde hineingerissen und fortgetrieben von diesem Strudel gekräuselter Wolle und blökender Stimmen; in Wahrheit eine hohle See, in welcher die Schäfer mit ihrem Schatten durch hüpfende Wellen fortgetragen werden ... Hinter den Herden – horch! da kommen bekannte Schritte, lustige Stimmen. Es füllt sich die Hütte, es wird lebendig, geräuschvoll in ihr. Die Weinreben im Kamine brennen. Man lacht um so mehr, je müder man ist. Es ist der Taumel der glücklichen Ermüdung: die Flinten in einen Winkel, die großen Stiefeln bunt durcheinander geworfen, die leeren Jagdtaschen und zur Seite das braunrote, goldige, grüne, silberne Gefieder der Beute, alles mit Blut befleckt. Der Tisch ist gedeckt, und wie der Dampf einer trefflichen Aalsuppe emporsteigt, so senkt sich ein Schweigen nieder, das tiefe Schweigen des kräftigen Hungers, nur unterbrochen durch das wilde Geknurr der Hunde, die im Dunkel vor der Thür ihren Napf auslecken ...

Die Abendunterhaltung wird kurz sein. Nur der Wärter und ich sind übrig geblieben. Wir sitzen am Feuer, dem Wärter wollen die Augen zufallen. Wir plaudern, das heißt, wir werfen uns von Zeit zu Zeit nach Art der Bauern halbe Worte zu, Ausrufe, kurz und bald erloschen, wie die letzten Funken der verbrannten Weinreben. Endlich erhebt sich der Wärter, zündet seine Laterne an und ich höre seinen schweren Tritt, der sich in der Nacht verliert ....

III.
Auf das "Hoffe"! (Auf den Anstand!)

Das "Hoffe!", welch hübscher Name für den "Anstand", für das Warten des verborgenen Jägers, für die unentschiedenen Stunden, wo alles wartet, "hofft" zwischen Tag und Nacht. Der Anstand des Morgens ein wenig vor dem Aufgange der Sonne, der Anstand des Abends in der Dämmerung. Den letzteren ziehe ich vor, namentlich in jenen sumpfigen Gegenden, wo das Wasser der clairs das Licht so lange fest hält....

Zuweilen "liegt" man auf dem Anstand in dem "negochin", einem ganz kleinen, engen Boote ohne Kiel, welches bei der geringsten Bewegung schwankt. Gedeckt durch das Schilf, beobachtet der Jäger die Enten von dem Grunde seines Bootes aus, über dessen Rand sich nur sein Kopf, der Lauf der Flinte und der Kopf des Hundes erhebt, welcher nach Mücken schnappt oder mit seinen ausgestreckten großen Pfoten das ganze Boot zur Seite neigt und mit Wasser füllt, während er in der Luft herum schnuppert. Dieser Anstand ist für mich zu kompliziert, ich besitze dazu nicht die genügende Erfahrung. Ich gehe daher zu Fuße auf das "Hoffe!", indem ich mit Riesenstiefeln, die aus dem Leder der ganzen Länge nach geschnitten sind, die Sümpfe durchwate. Dabei gehe ich langsam, vorsichtig aus Furcht, im Schlamme zu versinken. Ich vermeide die Rohrdickichte, die nach Brackwasser riechen und in denen die Frösche herumhüpfen....

Endlich! da ist ein Inselchen von Tamarisken, ein trockner Erdenwinkel, wo ich mich aufstelle. Der Wärter, um mir eine Ehre anzuthun, hat seinen Hund mit mir gehen lassen, einen gewaltigen Pyrenäenhund mit langen weißen Haaren, einen Jäger und Fischer ersten Ranges, dessen Gegenwart mir ein wenig bange macht. Wenn ein Wasserhuhn in Schußweite an mir vorüberkommt, hat er eine gewisse ironische Art mich anzublicken, indem er mit einem kunstgerechten Kopfschnicken zwei lange schlaffe Ohren, die ihm in das Gesicht hängen, nach hinten wirft. Dann nimmt er eine Stellung an, als ob er vor dem Wilde stehe, bewegt wedelnd den Schwanz, und giebt seine Ungeduld auf jede Weise zu erkennen, als wollte er sagen:

"Schieß!... so schieß doch!"

Ich schieße; ich fehle. Dann legt er sich nieder, gähnt und streckt sich aus mit einem gelangweilten, niedergeschlagenen, unverschämten Gesichte....

Nun ja! ich gebe zu, daß ich ein schlechter Jäger bin. Für mich ist der Anstand der Tag, der sich neigt; das schwindende Licht, das sich in das Wasser, in die Weiher flüchtet, um aus ihnen zu leuchten; das die graue

Farbe des düstern Himmels in strahlendes Silber verwandelt. Ich liebe diesen Wassergeruch, dieses geheimnisvolle Anstreifen der Insekten an die Schilfstengel, das sanfte Gemurmel der langen, erschauernden Blätter. Von Zeit zu Zeit zieht ein Ton vorüber und rollt in den Himmel wie das Schnarchen einer Seemuschel. Das ist die Rohrdommel, die ihren großen Schnabel zum Fischfang bis zum Grunde des Wassers hinabtaucht und "rrruuu!" schnarcht . . . Flüge von Kranichen ziehen über meinem Kopf hinweg. Ich höre das Aneinanderreiben der Federn, das Auseinanderreißen des Flaums durch die scharfe Luft. Dann nichts mehr . . . Das ist die Nacht . . . das ist die tiefe Nacht, mit ein klein wenig Tag, das auf dem Wasser zurückgeblieben ist . . . .

Plötzlich fühle ich einen Schauer, eine Art nervöse Erregung, als ob jemand hinter mir stehe. Ich drehe mich um und bemerke den Gefährten der schönen Nächte, den Mond, einen großen ganz runden Mond, der sich sanft erhebt, anfangs ziemlich rasch, dann immer langsamer, je weiter er sich vom Horizonte entfernt.

Schon ist sein erster Strahl deutlich neben mir, dann ein zweiter ein wenig weiter hin . . . . und nun ist der ganze Sumpf in Licht getaucht. Das kleinste Grasbüschelchen hat seinen Schatten. Der "Anstand" ist aus, die Vögel sehen uns; wir gehen nach Haus. Der Weg führt durch eine Überschwemmung von blauem, leichten Lichte; und jeder unserer Schritte in den clairs, in den roubines bewegt darin Massen von herabgefallenen Sternen und Mondstrahlen, welche bis auf den Grund des Wassers dringen.

IV.
Der Rote und der Weiße.

Ganz nahe bei uns, einen Flintenschuß weit von der Hütte steht eine andre, die ihr ähnlich, nur noch einfacher ist. Hier wohnt unser Jagdwärter mit seiner Frau und seinen beiden Ältesten: der Tochter, welche die Mahlzeiten der Männer besorgt und die Fischnetze ausbessert; dem Sohne, der seinem Vater hilft die Reusen zu heben und die martilières (Schutzbretter) der Fischteiche zu überwachen. Die beiden Jüngsten sind in Arles bei der Großmutter und sie werden dort bleiben, bis sie lesen gelernt haben und bis sie zum Abendmahl gegangen sind; denn hier ist man zu weit von der Kirche und von der Schule entfernt und dann würde die Luft der Camargue für die Kleinen nichts taugen. In der That ist die Insel im Sommer, wenn die Sümpfe nahezu trocken sind und der weiße Schlamm der Bewässerungsgräben in der großen Hitze zerspringt, kaum bewohnbar.

Ich habe das einmal im Monat August gesehen, als ich dahin kam, um junge Wildenten zu schießen und ich werde niemals den traurigen und wilden Anblick vergessen, den das verbrannte Land gewährte. Die Teiche rauchten in der Sonne wie ungeheure Kübel, die ganz auf dem Boden noch einen Rest des Lebens bewahrt hatten, das sich bewegte, ein Gemisch von Salamandern, Spinnen, Wasserfliegen, die nach einem feuchten Winkel suchten. Die Luft war verpestet, ein dicker Nebel von Miasmen durchzog sie schwerfällig, noch verdichtet durch unzählige Mückenschwärme. Bei dem Jagdwärter klapperte alles vor Frost, alles hatte das Fieber und es war ein wahrer Jammer, die gelben, eingefallenen Gesichter, die großen, von Ringen umgebenen Augen dieser Unglücklichen zu sehen, die dazu verdammt waren, sich drei Monate lang in dieser unerbittlichen Sonnenglut hinzuschleppen, die den Fieberkranken verbrennt, ohne ihn zu wärmen.... Es ist ein trauriges, mühevolles Leben, das eines Jagdwärters in Camargue! Und dieser hier hat noch seine Frau und seine Kinder bei sich; aber zwei Stunden weiter hinein in den Sumpf wohnt ein Pferdewärter ganz allein von einem Ende des Jahres zum andern, ein wahrer Robinson. In seiner Hütte von Schilf, die er selbst gebaut hat, giebt es kein Gerät, das nicht sein Werk wäre, von der Hängematte aus geflochtenen Weidenruten, den drei schwarzen, als Herd abgestellten Steinen, den als Fußschemel geschnitzten Tamariskenwurzeln bis zu dem Schloß und dem Schlüssel aus weißem Holze, die diese sonderbare Wohnung verschließen. Der Mann ist mindestens ebenso sonderbar, wie seine Wohnung. Er ist eine Art von schweigsamen Philosophen wie die Einsiedler, der sein bäuerisches Mißtrauen unter dichten, struppigen Augenbrauen verbirgt. Ist er nicht auf dem Weideplatz, so findet man ihn vor seiner Hütte sitzend und langsam, mit kindlichem und rührendem Eifer eine der kleinen rosenfarbenen, blauen oder gelben Broschüren entziffernd, in welche die Apotheker die für seine Pferde bestimmten Medizinflaschen eingewickelt hatten. Der arme Teufel hat keine andere Zerstreuung als das Lesen, und keine andern Bücher, als diese. Obwohl er und unser Jagdwärter Hüttennachbarn sind, besuchen sie doch einander niemals. Sie vermeiden es selbst, einander zu begegnen. Als ich eines Tages den roudeïroù nach dem Grunde dieser Antipathie fragte, antwortete er mir mit feierlicher Miene:

"Das ist von wegen der Ansichten ... Er ist rot, und ich, ich bin weiß."

So haben selbst in dieser Wüste, deren Einsamkeit sie hätte zusammenführen müssen, diese beiden Wilden, von denen der eine so wenig weiß als der andere, die kaum einmal im Jahre nach der Stadt kommen, und denen die kleinen Kaffeehäuser in Arles mit ihren Vergoldungen, mit ihren Spiegeln ebenso blendend erscheinen, als wären es die Paläste der Ptolemäer, Mittel gefunden sich zu hassen auf Grund ihrer politischen Überzeugungen!

V.
Der Vaccarès.

Das schönste in Camargue, das ist der Vaccarès. Oft verlasse ich die Jagd, um mich am Ufer dieses Salzsees niederzusetzen. Das kleine Meer erscheint wie ein Stück des großen, das in das Land eingeschlossen und gerade durch diese Gefangenschaft vertraut wurde. Statt der Trockenheit und Unfruchtbarkeit, die gewöhnlich solche Ufer traurig erscheinen lassen, läßt der Vaccarès auf seinem etwas hohen, von feinem Grase sammetartig grünem Ufer eine eigentümliche und reizende Flora emporsprießen: Flockenblumen, Wasserklee, Enzian und die schönen, im Winter blauen, im Sommer roten Saladellen, die ihre Farbe mit den Jahreszeiten wechseln und, da sie beständig blühen, durch ihre verschiedene Farbe die Jahreszeiten andeuten.

Gegen fünf Uhr abends, wenn die Sonne sich neigt, bietet diese drei Stunden lange Wasserfläche ohne Barke, ohne Segel, um ihre Ausdehnung zu unterbrechen oder zu begrenzen, einen bewundernswerten Anblick. Das ist nicht die bescheidene Anmut der clairs, der roubines, die von Strecke zu Strecke zwischen den Falten des Mergelbodens erscheinen, aus welchem überall unter dem leisesten Drucke das Wasser hervortritt. Hier ist der Eindruck ein großer, weiter. Von fern her zieht das Leuchten der Wogen Scharen von Möwen, Reihern, Rohrdommeln, Flamingos mit weißem Bauche und rosenroten Flügeln herbei, die sich das ganze Ufer entlang in langer Reihe zum Fischen aufstellen und mit ihren verschiedenen Farben ein buntes Band um den See herumlegen, und dann Ibisse, wirkliche ägyptische Ibisse, die sich in diesen warmen Sonnenstrahlen, in diesem stillen Lande ganz heimisch fühlen. Von meinem Platze aus höre ich in der That nichts, als das Anschlagen der Wellen und die Stimme des Wärters, der seine am Ufer zerstreuten Pferde zusammenruft. Sie führen sämtlich hochtönende Namen: "Eifer!... (Lucifer)... l'Estello!.... l'Estournello!..." Jedes Tier läuft mit fliegender Mähne herbei, sobald es seinen Namen nennen hört, um Hafer aus der Hand des Wärters zu fressen....

Weiterhin, immer noch auf demselben Ufer, weidet eine große Herde (manado) Ochsen in Freiheit, wie die Pferde. Von Zeit zu Zeit erblicke ich über einem Tamariskengesträuch ihren gekrümmten Rücken und ihre kleinen sichelförmigen Hörner, die sich emporrichten. Die Mehrzahl dieser Ochsen der Camargue werden für die ferrades (Stiergefechte) aufgezogen und einige derselben gehören zu den Cirkus-Berühmtheiten der Provence und des Languedoc. So zählt die benachbarte "manado" unter anderen einen gefürchteten Kampfstier Namens "le Romain", der bei den Stierkämpfen in Arles, Nîmes, Tarascon schon, ich weiß nicht wie vielen Menschen und Pferden den Leib aufgeschlitzt hat. Infolgedessen haben ihn seine Gefährten zum Führer gewählt; denn bei diesen eigentümlichen Herden regieren sich die Tiere selbst, indem sie sich um einen alten Stier scharen, den sie als Anführer anerkennen. Überfällt ein Orkan die Camargue, ein Orkan, der in dieser weiten Ebene um so schrecklicher ist, da nichts ihn aufhält, nichts ihn von seinem Wege ablenkt, so muß man sehen, wie die manado sich hinter ihrem Führer zusammendrängt, alle Köpfe gesenkt und die breiten Stirnen, in denen die Kraft des Ochsen sich kondensiert, nach der Richtung des Windes zu gekehrt. Unsere provençalischen Hirten nennen dieses Manöver: "vira la bano au giscle" – die Hörner nach dem Winde richten. Und wehe den Herden, die sich ihm nicht anbequemen! Von dem Regen blind gemacht, von dem Orkan fortgetrieben, kehrt sich die manado in wahnsinniger Flucht auf sich selbst, zerstreut sich entsetzt und die rasenden Ochsen stürzen, um dem Sturme zu entfliehen, in den Rhône, in den Vaccarès oder in das Meer.

Kasernenheimweh.

Heute Morgen beim ersten Tagesgrauen weckte mich ein entsetzlicher Trommelwirbel jäh aus dem Schlafe ... rataplan! rataplan! ...

Ein Tambour in meinen Tannen und zu dieser Stunde! ... das ist doch wahrhaftig sonderbar.

Schnell, schnell springe ich aus dem Bette und laufe, die Thüre zu öffnen.

Niemand! die Trommel schweigt.... Aus dem thaufeuchten Wein fliegen zwei oder drei Brachvögel fort, indem sie die Flügel schütteln.... Ein schwacher Wind flüstert in den Bäumen.... Gegen Osten auf dem Rücken der Alpen häuft sich Goldstaub auf, aus welchem die Sonne langsam hervortritt... Ihr erster Strahl streift schon das Dach der Mühle. In demselben Augenblicke fängt der unsichtbare Tambour wieder an Marsch zu schlagen ... rataplan, plan, plan!

Der Teufel hole die Eselshaut! Ich hatte sie ganz vergessen! Aber in aller Welt! Wer ist denn der Wilde, der die Morgenröte aus dem Walde heraus mit der Trommel zu begrüßen kommt! ... Ich habe gut hinblicken, ich sehe nichts.... nichts, als die Lavendelbüsche und die Fichten, die sich bis auf die Straße hinunterziehen.... Sollte sich da vielleicht in dem Dickicht ein Kobold versteckt haben, um mich zu foppen!.. Ja, ja, ohne Zweifel, das ist Ariel, oder Meister Puck... Der Schelm wird beim Vorübergehen an der Mühle sich gesagt haben:

"Dieser Pariser ist zu ruhig da drin, wir wollen ihm ein Morgenständchen bringen."

Und dann wird er eine große Trommel genommen haben und ... rataplan! ... rataplan! ... Willst du wohl schweigen, Puck! Du kleiner Vagabund! Du wirst meine Grillen aufwecken.

~

Puck war es nicht.

Es war Gouguet François, genannt Pistolet, Tambour des 31. Linienregiments und gegenwärtig auf Halbjahresurlaub. Pistolet langweilt sich auf dem Lande, er hat Heimweh, dieser Tambour, und – wenn man so gütig ist, ihm die Gemeindetrommel zu borgen – da geht er fort in den Wald und schlägt schwermütig auf das Kalbfell los, während er träumt von der Kaserne des Prinz Eugène.

Heute hat er meinen kleinen grünen Hügel erwählt, um darauf zu träumen. – Dort steht er, aufrecht gegen eine Fichte gelehnt, die Trommel zwischen den Beinen und aus Herzenslust darauf gepaukt ... Flüge entsetzter Rebhühner fliegen zu seinen Füßen weg, ohne daß er es bemerkt. Die Blüten duften um ihn her, er riecht es nicht. Ebensowenig sieht er die feinen Spinnennetze, die zwischen den Zweigen in der Sonne zittern, nicht die Tannennadeln, die auf seiner Trommel herumhüpfen. Ganz in seinen Traum, in seine Musik vertieft, sieht er verliebt auf seine Trommelschlegel, die in der Luft herumtanzen und sein breites dummes Gesicht klärt sich bei jedem Wirbel vor Vergnügen auf. Rataplan, plan, plan! ... Rataplan, plan, plan! ...

"Ach, wie ist sie schön, die große Kaserne, mit ihrem Hofe voll breiter Steinplatten, mit ihren in Reihe und Glied stehenden Fenstern, mit ihren Bewohnern in Soldatenmützen, mit ihren niedrigen Bogengängen, die von dem Klappern der Eßnäpfe wiederhallen! ..." Rataplan, plan, plan! ... Rataplan, plan, plan! ...

"O! Die wiederhallende Treppe, die hellgetünchten Gänge, die duftende Schlafkammer, die schönen Wehrgehänge, das Brotbrett, die Wichsbüchsen, die eisernen Bettstellen mit grauer Decke, die Gewehre, die von der Hakenleiste herüberleuchten! ..." Rataplan, plan, plan, plan! ... Rataplan, plan, plan! ... "O, die schönen Tage in der Wachtstube, die Spielkarten, die an den Fingern klebten, die häßliche Piquedame mit dem Federschmuck, der alte Pigault-Lebrun auf dem Feldbett! ..." Rataplan, plan, plan! ... Rataplan, plan, plan! ...

"O, die langen Nächte als Schildwache vor den Ministerien, das alte Schilderhaus, in das es regnet, die kalten Füße! . . . . Die Galawagen, die im Vorüberfahren bespritzen! . . . O! die Frone als Stellvertreter, der stinkende Waschzober; das bretterne Ohrenkissen; die kalte Reveille an Regentagen; der Zapfenstreich im Nebel zur Zeit, wo man das Gas anzündet; der Appell am Abend, bei dem man atemlos ankommt! . . ."

Rataplan, plan, plan! . . . Rataplan, plan, plan!

"O! der Wald von Vincennes, die großen weißen baumwollenen Handschuhe, die Spaziergänge auf den Festungswällen . . . . O, die Barriere de l'Ecole, die Soldatenmädchen, der Pistonbläser im Salon de Mars, der Absinth in den Kneipen, die vertraulichen Unterhaltungen zwischen zwei Büschen, die blank gezogenen Säbel, die sentimentale Romanze, mit der Hand auf dem Herzen gesungen! . . ."

~

Träume, träume, armer Mann! Ich werde dich nicht daran hindern! Schlage lustig drauf los auf dein Kalbfell, schlage, daß dir die Arme schmerzen! Ich habe nicht das Recht, dein Thun lächerlich zu finden. Hast du das Heimweh nach deiner Kaserne, habe ich nicht auch das Heimweh nach der meinigen? Mein Paris verfolgt mich bis hierher, wie dich das deinige. Du schlägst die Trommel unter den Fichten; ich, ich schreibe hier . . . Ach, was sind wir doch für köstliche Provençalen! Dort unten, in den Pariser Kasernen, da sehnten wir uns nach unsern blauen Alpen, nach dem wilden Duft des Lavendels; und hier, in der Provence, fehlt uns jetzt die Kaserne und alles, was an sie erinnert, ist uns lieb und wert! . . .

~

Im Dorfe schlägt es acht Uhr. Pistolet hat sich auf den Weg gemacht, um nach Hause zu gehen, ohne seine Schlegel zur Ruhe zu setzen . . . . Man hört ihn im Walde hinabsteigen, beständig trommelnd . . . . Und ich, in das Gras gelagert, krank vor Heimweh, ich sehe beim Klange der Trommel, die sich entfernt, mein ganzes Paris durch die Fichten an mir vorüberziehen ...

O, Paris! ... Paris! ... Immer Paris!

Ende.

Das Geheimnis des Meisters Cornille

Francet Mamai, ein alter Pfeifer, der von Zeit zu Zeit die Abende bei mir zubringt und sich dabei meinen Glühwein gut schmecken läßt, erzählte mir kürzlich ein kleines Bauerndrama, dessen Zeuge meine Mühle vor etwa zwanzig Jahren gewesen. Ich war gerührt von der Geschichte und will versuchen, sie so wiederzuerzählen, wie ich sie gehört habe.

Denkt euch einen Augenblick, teure Leser, ihr sitzet vor einer Bowle würzigen Weines, und ein alter Dorfpfeifer plaudre mit euch.

*

Unsere Gegend, mein guter Herr, ist nicht immer so tot und unberühmt gewesen wie heutzutage. In früheren Zeiten war hier ein blühendes Müllergewerbe und von zehn Stunden ringsum wurde das Korn aus den Bauernhöfen zum Mahlen hierhergeführt ... Rund um das Dorf waren die Höhen mit Windmühlen gekrönt. Rechts und links sah man überall die Flügel der Mühlen, die nach Süden dem Mistral zugekehrt waren und über die Fichten hinausschauten; links und rechts auf allen Wegen die kleinen Esel der Provence, die ihre Säcke auf und nieder trugen; und die ganze liebe Woche über war es eine Lust, das Knallen der Peitschen und das »Hotte-Hü« der Müllerknechte zu hören ... Am Sonntag ging man truppweise auf die Mühlen. Die Müller schenkten süßen Muskat ein, die Müllerinnen mit ihrem Spitzentuch und goldenen Kreuz waren hübsch wie Königinnen. Ich brachte meine Querpfeife mit und bis in die dunkle Nacht wurden die

Farandolen getanzt. Die Mühlen, sehen Sie, machten die Freude und den Reichtum unserer Gegend aus.

Unglücklicherweise kamen Franzosen aus Paris auf den Einfall, auf der Straße nach Tarascon eine Dampfmühle zu errichten. »Ganz schön, ganz neu!« wie man bei uns zulande sagt. Die Leute gewöhnten sich daran, ihr Korn in die Dampfmühle zu schicken, und die armen Windmühlen waren nun ohne Arbeit. Eine Zeitlang versuchten sie es, zu kämpfen; der Dampf aber war der stärkere, und eine nach der anderen, pécaïre! sah sich genötigt, zu schließen ... Man sah bald keine kleinen Esel mehr ... Die schönen Müllerinnen verkauften ihre goldnen Kreuze ... Kein Muskatwein mehr, keine Farandolen! ... Der Mistral mochte immerzu wehen, die Flügel rührten sich nicht ... Da ließ die Gemeinde eines Tages die baufälligen Kasten alle niederreißen und man pflanzte Reben und Ölbäume an ihre Stelle.

Eine einzige Windmühle hatte gegen den Untergang sich gewehrt und drehte unverzagt ihre Flügel, den Dampfmühlen zum Trotz. Das war die Mühle des Meisters Cornille, dieselbe, in der wir in diesem Augenblick den Würzewein trinken.

*

Meister Cornille war ein alter Müller, der schon seine sechzig Jahre mit Korn hantierte, und es ging ihm nichts über seinen Beruf. Die Gründung der Dampfmühlen hatte ihn rein toll gemacht. Acht Tage lang rannte er im Dorfe von Haus zu Haus und hetzte und schrie, man wolle die Provence mit dem Mehl aus den Dampfmühlen vergiften. »Geht nicht da hinunter,« tobte er, »die Spitzbuben machen Brot mit Dampf, einer Teufelserfindung; ich arbeite mit dem Mistral und dem Tramontane, mit dem Odem Gottes ...« Und viel solche schöne Worte strömten ihm von den Lippen zum Lobe der Windmühlen; aber niemand hörte sie an.

Da verschloß sich der Alte voller Wut in seiner Mühle und lebte ganz allein wie ein scheues Tier. Er wollte nicht einmal seine Enkelin Vivette, ein fünfzehnjähriges Kind, bei sich behalten, die seit dem Tode ihrer Eltern nur noch den Großvater auf dieser Welt besaß. Die arme Kleine mußte nun sehen, wie sie ihr Brot verdiente, und sie ging da und dort auf die Höfe in

Dienst, um bei der Weinlese, der Seidenzucht oder der Olivenernte zu helfen. Und doch schien der Großvater sie herzlich lieb zu haben, die arme Kleine! ... Nicht selten lief er seine vier Wegstunden, um sie in den Höfen aufzusuchen, wo sie arbeitete, und wenn er in ihrer Nähe war, dann schaute er ihr stundenlang zu und schluckte seine Tränen hinunter ...

In der Gegend dachte man, der alte Müller habe Vivette aus Geiz fortgeschickt, und es brachte ihm keine Ehre, die Kleine so von Hof zu Hof ziehen zu lassen, wo sie allen Roheiten der Knechte und allem Elend der Dienstbarkeit ausgesetzt war. Man tadelte es auch hart, daß ein angesehener Mann wie Meister Cornille, der bis dahin etwas auf sich gehalten, jetzt wie ein Zigeuner, barfuß, mit zerrissener Mütze und zerfetztem Kittel sich auf den Gassen zeigte ... weiß Gott, wenn wir ihn am Sonntag zur Messe gehen sahen, schämten wir anderen Alten uns seiner, und Cornille merkte das so gut, daß er es nicht mehr wagte, sich unter uns auf die Bank zu setzen und immer hinten in der Kirche, am Weihkessel, neben den Armen stehen blieb.

*

Es war etwas nicht recht klar im Leben des Meisters Cornille. Seit lange schon brachte ihm keiner aus dem Dorfe Mehl zu, und dennoch drehten die Flügel seiner Mühle sich nach wie vor ... Am Abend begegnete man dem Alten unterwegs, und jedesmal trieb er einen Esel mit einer Last schwerer Mehlsäcke vor sich her.

»Gute Vesper, Meister Cornille,« riefen die Bauern ihm zu; »es geht also immer noch mit der Müllerei?«

»Immer noch, meine Kinder,« antwortete der Alte mit heiterer Miene. »Gottlob! an Arbeit fehlt es nicht.«

Fragte man ihn nun, wo Teufel er all die Arbeit her habe, dann legte er einen Finger auf die Lippen und antwortete in ernstem Tone: »Motus! ich arbeite für die Ausfuhr ...« Etwas anderes war aus ihm nicht herauszubringen.

In seine Mühle einmal die Nase zu stecken, daran war nicht zu denken. Die kleine Vivette selber ließ er niemals hinein ...

Kam man vorüber, so sah man die Tür immer verschlossen, die großen Flügel immer in Bewegung, den alten Esel immer grasend auf dem Damm und eine große, magere Katze, die sich auf dem Fensterbrett sonnte und einen giftig anschaute.

Dies alles war gar zu geheimnisvoll und gab Anlaß zu sonderbarem Gerede. Jeder erklärte sich das Ding nach seinem Kopfe, allgemein aber hieß es, in der Mühle des Meisters Cornille seien noch mehr Säcke Geld als Säcke Mehl vorhanden.

*

Auf die Länge kam endlich alles ans Tageslicht und zwar so:

Als ich einmal die Buben und Mädchen nach meiner Pfeife tanzen ließ, bemerkte ich, daß mein ältester Junge und die kleine Vivette es miteinander hielten. Im Grunde hatte ich nichts dagegen, denn der Name Cornille stand in Ehren bei uns, und dann wäre mir's schon recht gewesen, die kleine Amsel, die schmucke Vivette in meinem Hause herumtollen zu sehen. Weil nun aber unser Liebespaar sich gar zu oft begegnete, so wollte ich aus väterlicher Vorsicht die Sache schnell ins reine bringen und ging deshalb in die Mühle hinauf, um mit dem Großvater ein Wort zu reden ... Aber da bin ich schön angekommen. Keine Tür wird aufgetan. Ich brachte ihm meine Sache wie es eben gehen will, durchs Schlüsselloch vor, und während meiner ganzen Rede spie die Teufelskatze mir immer ins Gesicht.

Der Alte ließ mich gar nicht ausreden und schrie mir grob zu, ich solle zu meiner Querpfeife heimgehen; wenn ich es so eilig hätte, meinen Jungen zu verheiraten, so könnte ich mich ja in der Dampfmühle nach einem Mädchen umschauen ... Mir stieg darüber das Blut zu Kopfe; ich war aber doch klug genug, an mich zu halten, ließ den alten Narren bei seinem Mühlstein und ging heim, um den Kindern mein Mißgeschick zu berichten ... Die armen Schelme wollten es nicht glauben; sie baten mich flehentlich, miteinander zur Mühle gehen zu dürfen, um mit dem Großvater zu reden ... Ich hatte nicht das Herz, ihnen den Wunsch abzuschlagen, und hurtig wie der Wind sind meine beiden Verliebten fort.

Im Augenblick, da sie oben ankamen, war Meister Cornille eben fortgegangen. Die Tür war wohl verschlossen, der Alte aber hatte beim Fortgehen die Leiter draußen stehen lassen und so kamen die Kinder gleich auf den Gedanken, durchs Fenster hineinzusteigen und sich einmal in der verwünschten Mühle umzuschauen ...

Sonderbar! die Mühle war innen ganz leer ... Kein einziger Sack, kein Körnlein am Boden, kein Tüpfchen Mehl an den Wänden oder auf den Spinneweben ... Man spürte nicht einmal den guten warmen Geruch von gemahlenem Weizen, der die Mühlen so angenehm durchdringt ... Der Wellbaum war voller Staub, die große magere Katze schlief darauf.

Der untere Raum sah ebenso elend und verlassen aus; – ein schlechtes Bett, zerfetzte Kleider, ein Stück Brot auf einer Treppenstufe und dann in einem Winkel drei oder vier zerschlitzte Säcke, woraus Schutt und weiße Erde durchsickerte.

Das war also das Geheimnis des Meisters Cornille! Den Gips also fuhr er am Abend umher, um die Ehre seiner Mühle zu retten und den Leuten weiszumachen, es sei Mehl ... Arme Mühle, armer Cornille! Seit langem schon war die letzte Kundschaft zu den Dampfmühlen gegangen. Die Flügel drehten sich noch immer, aber der Mühlstein ging leer.

*

Die Kinder kamen weinend zurück und erzählten mir, was sie gesehen. Es zerschnitt mir das Herz, ich verlor keinen Augenblick; ich lief zu den Nachbarn; ich erzählte ihnen alles in wenigen Worten, und wir kamen überein, was immer an Weizen in den Scheunen lag, zur Mühle zu bringen ... Gesagt, getan. Das ganze Dorf macht sich auf den Weg und wir kommen mit einer ganzen Prozession von beladenen Eseln oben an. Die trugen Korn, wirkliches Korn!

Die Mühle stand weit offen. Vor der Tür saß Meister Cornille auf einem Sack Gips und vergrub das Gesicht weinend in seine Hände. Er hatte es gemerkt, daß man während seiner Abwesenheit in die Mühle eingedrungen war und sein trauriges Geheimnis entdeckt hatte. – »Ich Armer,« sagte er; »jetzt bleibt mir nichts übrig, als zu sterben ... Die Mühle ist entehrt!«

Und er schluchzte, daß es einen Stein hätte erbarmen mögen; er gab seiner Mühle allerlei Namen; er sprach zu ihr wie zu einer lebenden Seele.

In diesem Augenblick langen die Esel auf der Höhe an, und wir alle schreien wie in den guten Zeiten der Müllerei: »Ohe! die Mühle!.. Ohe! Meister Cornille!« Und die Säcke werden vor seiner Türe aufeinandergehäuft und das goldene Korn lag da und dort auf dem Boden ...

Meister Cornille riß weit die Augen auf. Er wog das Getreide in seiner runzligen, hohlen Hand und sagte unter Weinen und Lachen: »Es ist Weizen ... Gott im Himmel! Wirklicher Weizen! ... O laßt mich den Segen noch einmal anschauen!« Dann wandte er sich zu uns und sagte: »O, ich wußte es wohl, daß ihr wiederkommt ... Die Dampfmüller sind alle Schelme.« Wir wollten ihn im Triumph ins Dorf tragen: »Nein, nein, meine Kinder; ich muß vor allem meiner Mühle zu fressen geben ... Denkt nur, sie hat schon so lange nichts zu beißen gehabt.«

Und es traten uns allen die Tränen in die Augen, dem armen Alten zuzusehen, wie er rechts und links herumhantierte, die Säcke aufriß, über den Mühlstein sich bückte, während das Korn knirschte und der feine Mehlstaub an die Decke flog.

Wir dürfen uns dessen schon rühmen: seit jenem Tage ließen wir es dem alten Müller nie an Arbeit fehlen.

Eines Morgens aber war Meister Cornille gestorben, und die Flügel unserer letzten Mühle standen still, diesmal für immer ... Nach Cornilles Tode mochte niemand sie mehr übernehmen.

Was wollen Sie, lieber Herr? Alles nimmt ein Ende in dieser Welt und es muß wohl sein, daß die Zeit der Windmühlen vorüber ist wie die der Marktschiffe auf der Rhone, der Parlamente und der großgeblümten Wämser.

Das Mädchen von Arles

Steigt man von meiner Mühle hinab ins Dorf, so geht man an einem Haus vorüber, das dicht an der Straße im Grunde eines mit Ulmen bepflanzten großen Hofes liegt. Es ist das echte provenzalische Bauernhaus, mit seinen roten Dachziegeln, der breiten dunklen Fassade mit den unregelmäßig in das Mauerwerk gebrochenen Fenstern; mit dem Wetterhahn ganz oben über dem Heuboden, der Rolle, um die Bunde in die Höhe zu winden, und ein paar herauslugenden Büscheln von braunem Heu.

Warum war dieses Haus mir aufgefallen? Warum schnürte sich vor diesem festverschlossenen Tor mein Herz zusammen? Ich hätte es nicht sagen können, und doch fror mich an dieser Stätte. Es war zuviel Stille ringsum ... Wenn man vorüberging, bellten keine Hunde, die Perlhühner flüchteten lautlos... Drinnen keine Stimme! Nichts, nicht einmal der Schellenton eines Maultiers... Ohne die weißen Gardinen an den Fenstern und den Rauch, der von den Dächern aufstieg, hätte man den Ort für unbewohnt gehalten.

Gestern Schlag zwölf kam ich aus dem Dorf, und um die Sonne zu vermeiden, ging ich an den Mauern des Gutshofes entlang, im Schatten der Ulmen ... Auf der Landstraße vor dem Haus beluden Knechte schweigend einen Karren mit Heu ... Das Tor war offengeblieben. Ich warf im Vorbeigehen einen Blick hinein und sah im Grunde des Hofes einen hochgewachsenen, ganz weißhaarigen Greis in zu kurzer Jacke und zerlumpten Hosen, die Ellbogen auf einen großen steinernen Tisch gestützt und den Kopf in den Händen... Ich blieb stehen. Einer der Leute sagte ganz leise zu mir: »Pst! Der Herr... So ist er seit dem Unglück mit seinem Sohn.«

In diesem Augenblick gingen eine Frau und ein kleiner Junge, beide in Schwarz, mit dicken vergoldeten Meßbüchern an uns vorüber und traten in das Gutshaus.

Der Mann setzte hinzu:

»Die Frau und der Kleine. Sie kommen aus der Messe. Sie gehen alle Tage hin, seit der ältere Sohn sich das Leben genommen hat... Ach, Herr, welches Herzeleid! Der Vater trägt noch die Kleider des Toten; man kann ihn nicht dazu bringen, sie abzulegen... Hü, Brauner!«

Der Karren setzte sich schwankend in Bewegung. Ich aber wollte mehr wissen, ich bat den Knecht, mich zu ihm aufsteigen zu lassen, und dort oben im Heu erfuhr ich die ganze traurige Geschichte...

Er hieß Jan. Er war ein prächtiger junger Bauernbursche von zwanzig Jahren, keusch wie ein Mädchen, kräftig, und mit offenem Blick. Da er sehr schön war, sahen sich die Frauen nach ihm um; er aber hatte nur eine einzige im Kopf – ein Mädchen aus Arles, ganz in Samt und Spitzen, das er einmal in der Arena in Arles getroffen hatte. Auf dem Gut sah man diese Bekanntschaft zunächst nicht mit Freude. Das Mädchen galt für kokett, und die Eltern waren nicht aus der Gegend. Aber Jan wollte mit aller Macht sein Mädchen von Arles. Er sagte: »Es wird mein Tod sein, wenn ich sie nicht bekomme.«

Man mußte ihn gewähren lassen. Es wurde beschlossen, sie nach der Ernte zusammenzugeben.

Eines Sonntagabends nun saß die Familie im Hof des Gutes beim Essen. Es war beinah ein Hochzeitsmahl. Die Braut war nicht dabei, aber man hatte die ganze Zeit auf ihr Wohl getrunken... Ein Mann erscheint am Tor und verlangt mit bebender Stimme, Herrn Estève unter vier Augen zu sprechen. Estève steht auf und geht hinaus auf die Straße.

»Herr«, sagt der Mann zu ihm, »Sie sind im Begriff, Ihren Sohn mit einer liederlichen Person zu verheiraten, die zwei Jahre lang meine Geliebte gewesen ist. Was ich behaupte, kann ich beweisen: Hier sind ihre Briefe!... Die Eltern wissen alles und hatten sie mir versprochen; aber seit Ihr Sohn sich um das Mädchen bewirbt, wollen weder die Eltern noch die Tochter mehr etwas von mir wissen... Ich sollte aber meinen, nach alldem könnte sie nicht die Frau eines andern sein.«

»Es ist recht!« sagt Herr Estève, nachdem er die Briefe angesehen hatte. »Kommen Sie herein, ein Glas Muskateller trinken.«

Der Mann erwidert: »Danke. Ich habe mehr Kummer als Durst.« Und er geht.

Der Vater kommt zurück; gelassen nimmt er seinen Platz am Tisch wieder ein, und das Mahl geht vergnügt zu Ende...

An diesem Abend gingen Herr Estève und sein Sohn zusammen durch die Felder. Sie blieben lange draußen; als sie zurückkamen, wartete die Mutter noch auf sie. »Frau«, sagte der Bauer und führte den Sohn zu ihr, »küß ihn! Er ist unglücklich ...«

Jan sprach nicht mehr von dem Mädchen aus Arles. Indessen liebte er sie immer noch, und mehr als je, seit man sie ihm in den Armen eines andern gezeigt hatte. Nur war er zu stolz, um etwas zu sagen; und das war's, was ihn getötet hat, den armen Jungen!... Manchmal verbrachte er ganze Tage allein in einem Winkel, ohne sich zu rühren. An anderen Tagen machte er sich mit wütendem Eifer über den Acker her und schaffte ganz allein die Arbeit von zehn Tagelöhnern ... Wenn es Abend war, sah man ihn dann auf der Straße nach Arles, und er ging seines Weges, bis er im Westen die schlanken Türme der Stadt aufsteigen sah. Dann kehrte er um. Niemals ging er weiter.

So sahen ihn die Leute vom Gut, stets einsam und traurig, und sie wußten nicht mehr, was tun. Man fürchtete ein Unglück... Einmal bei Tisch sah die Mutter ihn mit nassen Augen an und sagte:

»Höre, Jan, wenn du sie trotz allem willst, werden wir sie dir geben...«

Der Vater senkte den Kopf, rot vor Scham...

Jan verneinte stumm und ging hinaus...

Von diesem Tag an änderte er sein Leben, spielte den Lustigen, um seine Eltern zu beruhigen. Jetzt sah man ihn wieder auf dem Tanzboden, im Wirtshaus, bei den Festen des Landes. Auf der Kirchweih in Fonvieille führte er sogar die Farandole an.

Der Vater sagte: »Er ist geheilt.« Die Mutter aber wurde die Angst nicht los und ließ den Sohn weniger als je aus den Augen... Jan schlief mit dem Kleinen zusammen, ganz nahe bei der Kammer für die Seidenraupen; die arme Alte ließ sich ein Bett im Nebenzimmer aufschlagen... Die Seidenwürmer konnten sie vielleicht brauchen in der Nacht.

Da kam das Fest des heiligen Eligius, des Schutzheiligen der Ackersleute.

Der Jubel war groß auf dem Gut... Es gab Chateauneuf für alle, und der süße Most strömte wie Regen. Dann Böllerschüsse, Feuerwerk auf dem Anger, voll bunter Laternen die Ulmen im Hof... Hoch der heilige Eligius! Man tanzte bis zum Umsinken die Farandole. Der Kleine verbrannte sich die neue Bluse... Selbst Jan sah fröhlich aus; er forderte seine Mutter zum Tanze auf; die arme Frau weinte vor Glück.

Um Mitternacht ging man zu Bett. Alles brauchte Schlaf... Jan aber schlief nicht. Der Kleine erzählte später, daß er die ganze Nacht geschluchzt hat... Ach, den hatte es grausam gepackt, das könnt Ihr mir glauben ...

Am folgenden Tag beim Morgengrauen hörte die Mutter jemand durch das Zimmer rennen. Etwas wie eine Ahnung kam ihr:

»Jan, bist du's?«

Jan antwortet nicht; er ist schon auf der Treppe. Schnell, ganz schnell steht die Mutter auf:

»Jan, wohin gehst du?«

Er steigt zum Heuboden hinauf; sie läuft hinter ihm her:

»Mein Sohn, ums Himmels willen!«

Er schließt die Tür und schiebt den Riegel vor.

»Jan, mein lieber Jan, gib Antwort. Was hast du vor?« Tastend, mit ihren zitternden alten Händen, sucht sie die Klinke... Ein Fenster geht auf, der Aufprall eines Körpers auf dem Pflaster im Hof, nichts weiter... Der arme Junge, er hatte sich gedacht: ›Ich liebe sie zu sehr... Ich gehe...‹ Ach, arme Herzen, die wir sind! Ein bißchen viel ist es aber doch, daß Verachtung die Liebe nicht auslöschen sollte!...

An diesem Morgen fragten sich die Leute im Dorf, wer da drüben, von Estèves Gut her, so schreien mag...

Es war – im Hof vor dem steinernen Tisch, der feucht war von Tau und Blut – die Mutter, nackt, wehklagend, den toten Sohn in ihren Armen.